Max Moenikes

OHNMACHT? OHNE UNS!

Starke Kita-Teams
in schwierigen Zeiten –
so geht's!

Verlag an der Ruhr

IMPRESSUM

Titel
Ohnmacht? Ohne uns!
Starke Kita-Teams in schwierigen Zeiten – so geht's!

Autor
Max Moenikes

Umschlagmotiv
Julia Flasche

Illustrationen
wenn nicht anders angegeben: Max Moenikes

Lektorat
Christine Schlitt

Druck
Heenemann GmbH & Co. KG, Berlin, DE

Verlag an der Ruhr
Mülheim an der Ruhr
www.verlagruhr.de

PEFC zertifiziert
Dieses Produkt stammt aus nachhaltig bewirtschafteten Wäldern und kontrollierten Quellen.

www.pefc.de

Geeignet für Erzieher*innen, Kita-Leitungen und pädagogische Fachkräfte

ISBN 978-3-8346-6734-2

INHALT

WOZU BRAUCHST DU DIESES BUCH?

Es fehlen Fachkräfte an allen Ecken und Enden. Die Mitarbeitenden in pädagogischen Einrichtungen sind mehr oder weniger angespannt und ausgebrannt. An dieser bitteren Erkenntnis führt kein Weg vorbei. Viele Ressourcen sind erschöpft. Kurzfristig können wir leider nicht mehr Menschen, mehr Geld, mehr Zeit aus dem Boden stampfen.

Was können wir tun, um trotzdem nach vorne zu blicken und nicht den Kopf in den Sand zu stecken? Wir können die übrigen Mitarbeitenden auf einer zwischenmenschlichen Ebene stützen, schützen und fördern. Denn auch wenn jede*r[1] Einzelne ans Limit der persönlichen Leistungsfähigkeit kommen mag, so gibt es im Team Mittel und Wege, die Widerstandskraft der Gemeinschaft zu fördern. Wir können neue Techniken und Methoden, neue Abläufe und Prozesse etablieren, die unsere Zusammenarbeit effektiver gestalten. Im Team können wir uns einvernehmlich von überflüssigem Ballast auf den überfüllten To-do-Listen befreien. Gemeinsam können wir dann Herausforderungen meistern, bei denen Einzelkämpfer*innen die Flinte ins Korn werfen müssten.

Als freiberuflicher Trainer und Coach habe ich zahlreichen Kitas geholfen, auch in stürmischen Zeiten widerstandsfähiger gegen innere und äußere Angriffe zu werden. Im direkten Training gibt es dabei niemals ein Programm von der Stange. So unterschiedlich, wie jedes Team ist, so unterschiedlich sind auch die Maßnahmen, die den Teams auf die Sprünge helfen. Genauso soll es in diesem Buch sein.

Dieser Praxisratgeber ist auf der Basis von über 150 Teamtrainings mit pädagogischen Einrichtungen entstanden. Er stellt die bewährtesten Tipps und Tricks, Methoden und Übungen, Techniken und Modelle für Teams und Teamleitungen vor. Dabei nutze ich in diesem Buch das Du als persönliche Anrede, so wie es unter Kolleg*innen meist üblich ist und wie ich es auch in der Begleitung von Kita-Teams handhabe.

Nun wünsche ich dir viel Spaß beim Lesen und viel Erfolg beim Ausbau eurer Teamresilienz!

---

[1] Der Verlag an der Ruhr legt großen Wert auf eine geschlechtergerechte und inklusive Sprache. Daher nutzen wir neutrale Formulierungen oder das Gendersternchen, um alle Menschen unabhängig von Geschlecht oder Geschlechtsidentität einzuschließen.

EINLEITUNG

WAS IST TEAMRESILIENZ?

Vor Jahren habe ich an einem Resilienztraining teilgenommen. In der Einstiegsübung ließ uns die Trainerin eine Rosine in die Hand nehmen. Wir sollten sie nicht sofort essen, sondern zunächst mit allen Sinnen wahrnehmen: sehen, hören, riechen, fühlen – und erst zuletzt in den Mund stecken und schmecken. Die Übung dauerte quälende 20 Minuten – und ich wurde schon nach den ersten fünf Minuten unruhig. Ich fragte mich: Muss Resilienz immer langsam, achtsam, selbstkritisch, im Zweifel sogar esoterisch sein?

Die Antwort lautet: nein.

Wenn wir eine*n Ingenieur*in fragten, was Resilienz eigentlich bedeutet, so würde er*sie antworten: Resilienz ist die Fähigkeit eines Materials, nach Verformung wieder in den Ursprungszustand zurückzufinden.

Im Bereich der Psychologie beschreibt Resilienz die Fähigkeit eines Menschen, mit Veränderungen seiner Umwelt klarzukommen. Oder die Fähigkeit, nach Belastungen ohne negative Folgeerscheinungen wieder einsatzfähig zu werden. Oder noch etwas kürzer: **Resilienz bedeutet Widerstandskraft**.

In einem reinen Resilienztraining geht es oft um Achtsamkeit, Selbstfürsorge und Gelassenheit. Das sind Dinge, die zwar für Einzelpersonen wichtig sind. In einem Team kann es aber äußerst kontraproduktiv sein, wenn Einzelne extrem achtsam mit sich sind und andere dadurch das Gefühl bekommen, es bliebe jetzt noch mehr Arbeit an ihnen hängen.

Die resiliente Mitarbeiterin
Heidi (57) ist Erzieherin in einer Kita. Seit Jahren fühlt sie sich durch die Lautstärke in der Gruppe, die dauerhafte Unzufriedenheit der Eltern und die ständigen Neuerungen bei der Dokumentation ausgelaugt und überarbeitet. Nach langem Drängen hat ihr der Träger eine Resilienzfortbildung genehmigt. Dort lernt Heidi, auf sich aufzupassen und achtsam mit sich zu sein. Im Team sagt sie nun öfter Nein und macht nur noch die Dinge, die sie wirklich gern macht. Sie fühlt sich damit deutlich wohler, versteht aber nicht, dass die Kolleg*innen ihr das

offenbar nicht gönnen. Nach einigen Wochen trudeln die ersten Beschwerden bei der Leitung ein. Heidi, so ist der O-Ton der Beschwerden, sei unkollegial und unzuverlässig geworden und überhaupt nicht mehr belastbar.

Wir können also in einem Kita-Team unmöglich die individuelle Resilienz vieler Einzelkämpfer*innen anstreben. Stattdessen werden wir uns mit Teamresilienz beschäftigen. Teamresilienz beschreibt im vorliegenden Praxisratgeber die **Fähigkeit eines Teams, gemeinsam widerstandsfähig gegen innere und äußere Bedrohungen zu sein**.

WAS BEDROHT EIN TEAM IN DER KITA?

Ein Team wird immer wieder auf die Probe gestellt. Es ist ständig Bedrohungen und Angriffen ausgesetzt. Ein Team, das eine hohe Resilienz hat, kann diesen Angriffen besser widerstehen und sich schneller von Rückschlägen erholen. Ein Team mit niedriger Resilienz, also geringer Widerstandskraft, wird durch Angriffe immer noch weiter in eine Abwärtsspirale getrieben.

Achtung!
Die Kenntnis darüber, woher eine Bedrohung kommt und wieso sie eigentlich gefährlich ist, ist der erste Schritt für die Lösungssuche. Wer die Bedrohung richtig einordnet, kann auch angemessen reagieren.

Aber Moment mal! Was sind eigentlich diese Bedrohungen und Angriffe?

Bedrohungen sammeln
Stelle eine Stoppuhr und notiere fünf Minuten lang alles, was du jetzt, aus dem Bauch heraus, als Bedrohung für dein Team bezeichnen würdest. Denke an Politik und Gesellschaft, an Krankenstände, Fachkräftemangel, an das Alter und die Familienplanung deiner Mitarbeitenden, an Essenslieferanten, Räume und Materialien, an Elternwünsche, Trägervorgaben, herausfordernde Kinder, an Kommunikationsstrukturen im Team, Absprachen, Informationsfluss. Notiere alles, was euch aktuell oder in näherer Zukunft aus dem Takt bringen könnte.

Bestimmt hast du in fünf Minuten eine Menge aufs Papier gebracht. Deine Liste könnte jetzt beispielsweise so aussehen wie in der Abbildung oben.

Der erste Schritt bei der Suche nach geeigneten Lösungen und Handlungsmöglichkeiten ist die Einordnung dieser Angriffe und Bedrohungen. Dabei sind zwei Fragen hilfreich:

1. Was für eine *Art* von Bedrohung ist es? Ereignet sich die Bedrohung spontan (= **Störung**) oder als andauernde Belastung (= **Stress**)? Eine Störung ist etwas Unvorhergesehenes, Plötzliches, Punktuelles, wohingegen Stress ein gleichbleibend kräftezehrendes, oft durch Mangel hervorgerufenes Phänomen ist.

2. Wo ist der *Ursprung* der Bedrohung? Kommt die Bedrohung von **außen** oder von **innen** auf uns zu? Von außen bedeutet von außerhalb unseres Teams, z. B. durch Eltern, Kinder, den Träger, durch die Gesellschaft oder durch die Kommune. Von innen bedeutet aus unserem Team, also auf Grundlage unserer (mehr oder weniger guten) Teamarbeit, unserer Kommunikation und unseres Zusammenhalts.

Aus der Kombination dieser vier Faktoren entsteht die folgende Bedrohungsmatrix:

		Ursprung der Bedrohung	
		von innen = von innerhalb des Teams	**von außen** = von außerhalb des Teams
Art der Bedrohung	**Störung** = Spontanereignisse	**Störung von innen** z. B. Krankmeldung	**Störung von außen** z. B. Sonderwünsche
	Stress = Dauerbelastung	**Stress von innen** z. B. schlechte Absprachen	**Stress von außen** z. B. Fachkräftemangel

1. Störungen von innen ...

... sind z. B. Last-minute-Veränderungen in der Teamzusammensetzung, die uns im Denken, Planen und Handeln herausfordern. Das kann durch Krankmeldungen oder Unfälle zustande kommen. Oft sind es aber ganz banale Dinge, die uns aus dem Takt bringen, weil die Teammitglieder nicht mustergültig aufeinander abgestimmt sind. Das fängt mit dem einfachen Satz „Kannst du mal eben ...“ an und endet mit Streitigkeiten, Vorwürfen und kleinen Zickereien.

2. Stress von innen ...

... entsteht z. B., wenn im Team schon längere Zeit Kommunikationsprobleme herrschen, die dazu führen, dass die Kolleg*innen aneinander vorbeireden. Stress von innen entsteht auch dann, wenn die Teammitglieder nicht reibungslos und effizient zusammenarbeiten. Aufgaben werden nicht oder doppelt erledigt, Absprachen werden nicht eingehalten. Die Kommunikation mit den Eltern ist nicht einheitlich. Die daraus resultierende Belastung kann durch einen hohen, dauerhaften Krankenstand noch befeuert werden.

3. Störungen von außen …
… treten auf, wenn wir Spontanereignisse bewältigen müssen, die unerwartet von außerhalb des Teams kommen. Das können Anrufe, Mails und Elterngespräche mit all den kleinen Extrawürsten des Alltags sein, die kaputte Spülmaschine, das falsche Mittagessen des Caterers, der Besuch des Gesundheitsamtes. Die Liste ließe sich endlos fortsetzen.

4. Stress von außen …
… entsteht, wenn uns äußere Einflüsse dauerhaft schwächen. Das passiert z. B., wenn durch den gesellschaftlich und politisch verursachten Fachkräftemangel in unserem Team ein ständiger Personalengpass vorliegt. Er entsteht auch dann, wenn 90 Prozent der angemeldeten Kinder und Eltern ausschließlich in einer uns fremden Sprache sprechen. Der Stress von außen wird durch schlechte Rahmenbedingungen noch verstärkt, wie z. B. marode Gebäude, zu kleine Außengelände oder veraltete Ausstattung.

Eure persönliche Bedrohungsmatrix
Versuche, deine persönliche Liste in die Bedrohungsmatrix einzusortieren. Woher kommen die Bedrohungen, die du aufgelistet hast?

Häufig verwandeln sich bestimmte Störungen mit der Zeit in Stress. Denn nicht immer schenken wir einer Störung genug Aufmerksamkeit oder haben im richtigen Moment genug Zeit und Kraft, auf sie einzugehen. So kann aus einem einmaligen Streit im Team (Störung) schnell ein Stressfaktor werden, wenn z. B. zwei Kolleginnen nicht mehr miteinander reden und die Zusammenarbeit verweigern. Eltern, die 2-mal eine Extrawurst bei den Abholzeiten aushandeln konnten (Störung), werden sich schnell an ihre neuen Privilegien gewöhnen und dauerhaft neue Forderungen einbringen (Stress).

Allgemeine Abwehrstrategien für Stress und Störungen

1. Schnell handeln, wenn wir handeln können ...
2. Toleranzstrategien entwickeln, wenn wir nicht handeln können
3. Klug genug sein, das eine vom anderen zu unterscheiden

WIE RESILIENT IST DEIN TEAM?

Um eine Einschätzung zu erhalten, wie gut die Resilienz eures Teams ist, kannst du einen Test machen. Dein Team kann gut zusammenarbeiten oder weniger gut zusammenarbeiten. Dadurch kann auch eure Teamresilienz mehr oder weniger gut ausgeprägt sein. Mit dem Teamresilienztest kannst du prüfen, wie es um eure Teamresilienz steht. Beantworte die Fragen nach bestem Wissen, realistisch und nüchtern. Denke nicht an die Ausnahmesituation, in der etwas besonders gut oder besonders schlecht gelaufen ist, sondern an den durchschnittlichen Kita-Tag.

Der Teamresilienztest

Prüfe, wie gut die jeweiligen Aussagen auf dein Team zutreffen. Kreuze in jeder Zeile die entsprechende Zahl an. Am Ende zählst du alle Zahlen zusammen. Das Endergebnis, das zwischen 20 und 100 liegen kann, führt dich zur Auswertung.

Du kannst den Test auch von allen Mitarbeitenden anonym ausfüllen lassen. Eine gute Übung für eine Teamsitzung! Wie mittelst du die Testergebnisse? Wenn z. B. acht Personen am Test teilnehmen, addierst du die Endergebnisse aller acht Einzeltests und teilst das Ergebnis anschließend durch acht, um das durchschnittliche Ergebnis für euer Team zu erhalten.

Das **WWWiesel** hat dir eine Kopiervorlage zum Resilienztest im Online-Bereich versteckt!

DER TEAMRESILIENZTEST

		Stimme gar nicht zu	Stimme weniger zu	Vielleicht/weiß nicht	Stimme eher zu	Stimme voll zu
1	Das Team setzt sich motivierende Ziele.	1	2	3	4	5
2	Das Team erreicht seine Ziele.	1	2	3	4	5
3	Im Team wird das Wir größer geschrieben als das Ich	1	2	3	4	5
4	Alle stehen geschlossen hinter Gruppenentscheidungen.	1	2	3	4	5
5	Es herrscht eine positive Fehlerkultur. Fehler zu machen, ist nicht schlimm.	1	2	3	4	5
6	Die Teammitglieder halten sich konsequent an Absprachen.	1	2	3	4	5
7	Teambesprechungen sind zielführend und konstruktiv.	1	2	3	4	5
8	Im Team herrscht Einstimmigkeit über Prioritäten.	1	2	3	4	5
9	Im Team wird viel miteinander gelacht.	1	2	3	4	5
10	Teammitglieder haben keine Angst davor, einander Feedback zu geben.	1	2	3	4	5
11	Teammitglieder bitten um Hilfe, wenn sie etwas nicht allein schaffen.	1	2	3	4	5
12	Im Team herrscht ein gesundes Gleichgewicht zwischen Planung und Improvisation.	1	2	3	4	5
13	Durch Teamarbeit entsteht ein Mehrwert gegenüber der Einzelleistung der Mitarbeitenden.	1	2	3	4	5
14	Niemand wird im Team ausgeschlossen.	1	2	3	4	5
15	In der Kommunikation wird Sachliches vom Emotionalen unterschieden.	1	2	3	4	5
16	Obwohl einzelne Teammitglieder befreundet sind, können alle Beruf und Freizeit unterscheiden.	1	2	3	4	5
17	Wenn einmal die Spülmaschine ausfällt, helfen ruckzuck alle mit und unterstützen sich.	1	2	3	4	5
18	Wenn Kolleg*innen krank werden, wissen die anderen sofort, wie sie ihre Arbeit ersetzen können.	1	2	3	4	5
19	Wenn einmal Personalmangel herrscht, werden im Team die unwichtigsten Aufgaben gestrichen.	1	2	3	4	5
20	Wenn ein Teammitglied (z. B. von Eltern) angegriffen wird, eilt ihm der Rest des Teams zu Hilfe.	1	2	3	4	5
	Endergebnis (Addiere alle eingekreisten Zahlen, um eine Zahl zwischen 20 und 100 zu erhalten.)					

TESTAUSWERTUNG

Über 80 Punkte: Dein Team zeigt viele Eigenschaften und Handlungsweisen von gut abgestimmter Teamarbeit. Kleinere Bedrohungen von innen und außen werfen euch nicht so leicht aus der Bahn. Nach unvorhergesehenen Ereignissen kehrt ihr schnell wieder in einen arbeitsfähigen Zustand zurück. In Sachen Teamresilienz solltet ihr nun vor allem präventiv arbeiten, frei nach dem Motto: In Zeiten des Wohlstands immer etwas für Krisenzeiten zurücklegen.

60–79 Punkte: In deinem Team überwiegen zwar die gut funktionierenden Strukturen. In einigen Teamdisziplinen seid ihr aber noch nicht oder nicht mehr stark genug für eine ständig gut funktionierende Teamarbeit. Immer wieder kommt es zu kleinen Fehlern, die ihr nicht richtig einordnen könnt und für die ihr nach Gründen sucht. Eventuell kriselt es schon hier und da in der zwischenmenschlichen Kommunikation. Arbeitet präventiv und versucht darüber hinaus, einige Missstände offen anzusprechen.

40–59 Punkte: Es treten immer häufiger Fehler und Streitereien auf. Einige Schutzmaßnahmen, die ihr früher einmal ergriffen habt, funktionieren nicht mehr. Machtworte der Leitung reichen oft nicht mehr aus. Einige Teammitglieder kapseln sich ab und du beobachtest isolierte Einzelgänger*innen und Cliquenbildung. Ihr braucht nun eine offene Fehlerkultur und eine Plattform, auf der ihr die Probleme deutlich benennen könnt. Sprecht über Strategien und malt euch gemeinsam aus, wo die Reise hingehen soll, um euch auch für komplexere Maßnahmen zu motivieren.

Unter 39 Punkte: Im Team treten die Probleme offen zutage. Fast täglich geht irgendetwas schief. Es herrscht eine dauerhaft gereizte Stimmung und es gibt viel Streit. Negative Emotionen, falsche Entscheidungen und Fehler sind an der Tagesordnung. Einige Teammitglieder wandern ab oder suchen offen nach anderen Arbeitsstellen. Die meisten Teammitglieder sind dankbar, wenn ihr euch jetzt zusammensetzt und offen über die Probleme sprecht. Prävention ist jetzt nicht mehr zielführend. Nutzt zunächst Notfallmaßnahmen, Regeln, Absprachen und Belohnungssysteme, um euch wieder handlungsfähig zu machen. Sicher macht es auch Sinn, über externe Hilfe, wie ein Training oder Coaching, nachzudenken.

Achtung!

100 Punkte = alles paletti? Aufgepasst: Das perfekte Team gibt es nicht. Oft sind sogar die Teams, in denen vermeintlich alles perfekt läuft, am verletzlichsten, denn es herrscht eine mangelhafte Fehlerkultur und es besteht große Angst vorm Scheitern.

DIE VIER SÄULEN DER TEAMRESILIENZ

Teamresilienz ist keine Eigenschaft, die man von heute auf morgen aus dem Ärmel schüttelt. Damit ein Team gemeinsam widerstandsfähig gegen innere und äußere Bedrohungen wird, bedarf es des Zusammenspiels von vier Faktoren:

- klare Teamkommunikation
- sichere Teamstrukturen
- kluges Management von Teamressourcen
- beflügelnder Teamgeist

Diese vier Faktoren sind die Säulen der Teamresilienz und werden in den folgenden Kapiteln vorgestellt. In der Kapitelaufteilung wird uns das größte Landsäugetier unseres Planeten begleiten: der Elefant. Das Großohr gilt gemeinhin als ruhiger, ausgeglichener Zeitgenosse mit dicker Haut und einem festen Stand. In diesem Praxisratgeber ist er das Symboltier für ein starkes, widerstandsfähiges Team. Seine Beine symbolisieren die vier tragenden Säulen, die vier Standbeine der Teamresilienz.

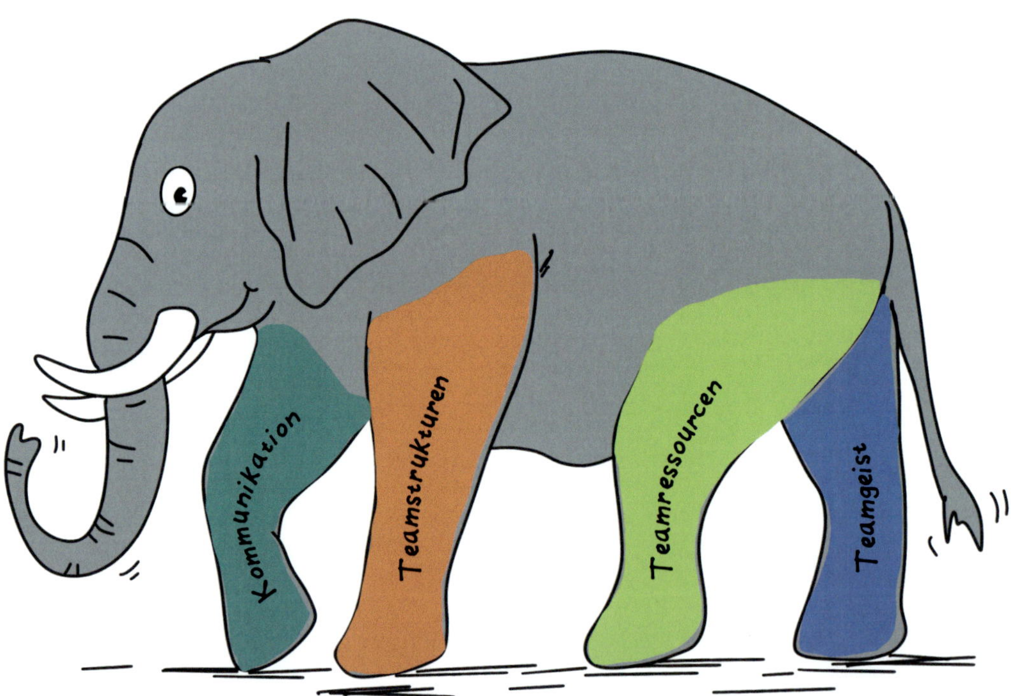

Kapitel 1 stellt das erste Standbein des starken Teams vor: die Kommunikation. Häufig beschreiben Kita-Leitungen, dass das Hauptproblem in der Kommunikation zwischen den Mitarbeitenden liegt. Dieses Kapitel stellt daher die Grundlagen der Kommunikation, klassische Modelle und Feedbacktechniken vor.

In **Kapitel 2** geht es um strukturelle Fragen der Teamorganisation: Wer nimmt welche Rolle ein? Wie werden die Aufgaben auf möglichst viele Schultern verteilt? Wie beugen wir Chaos in Ausnahmefällen vor und wie verhindern wir, dass zu viele Köchinnen und Köche den Brei verderben?

In **Kapitel 3** schauen wir auf die Grenzen der Belastbarkeit. Wie können wir eine Bestandsaufnahme machen und unsere Ressourcen schonen? Wie identifizieren wir den Unterschied zwischen pädagogischer Grundversorgung und Luxusproblemen? Ein Einblick in das systemische Zeitmanagement rundet das Kapitel ab.

In **Kapitel 4** kommen wir zur Königsdisziplin jeder Teamarbeit: dem Teamgeist. Teamgeist oder auch Teamspirit ist unsichtbar und unbegreiflich. Er verbindet die Teammitglieder wie Mörtel eine Mauer. Wir beschäftigen uns mit Faktoren, die den Teamgeist fördern: mit Zusammenhalt und Zuneigung, mit Motivationsmodellen und Verstärkerplänen. Wir üben die Kunst, in schwierigen Situationen gelassen zu bleiben, einander zu vertrauen und gemeinsam zu improvisieren.

Zum Schluss schauen wir uns **Fallbeispiele** an. Wir tauchen ein in die Geschichte von Kitas, die ihre Teamresilienz durch die vier Standbeine des Elefanten geschickt gestärkt haben.

Die Beispiele, Geschichten und Anekdoten in diesem Praxisratgeber basieren auf meinen Erlebnissen, meinen Eindrücken und Teilnehmerberichten aus Teamtrainings, offenen Seminaren und Coachings. Alle Namen von Einrichtungen und Einzelpersonen sind selbstverständlich geändert. Ähnlichkeiten zu real existierenden Kitas oder Personen sind zufällig und nicht beabsichtigt.

Achtung!
Es gibt unzählige Definitionen für das Wort „Team". In diesem Praxisratgeber wird es verwendet, wenn die Gesamtheit aller Mitarbeitenden deiner Kita gemeint ist.

Säule 1:

KOMMUNIKATION

Immer wieder höre ich im Konzeptionsgespräch für anstehende Teamtrainings den Satz: „In unserem Team läuft eigentlich alles ganz gut, nur die Kommunikation ist etwas schwierig." Was würdest du zu dieser Aussage sagen? Ich würde sagen: In einem Team kann unmöglich alles gut laufen, wenn die Grundlagen nicht stimmen. Und eine gute, klare Kommunikation ist wirklich die absolute Basis! Wenn in eurer Kommunikation der Wurm drin ist, ebnet ihr damit den Weg für zahlreiche Bedrohungen, sowohl von innen als auch von außen. Gute Kommunikation ist der Schlüssel dafür, dass es klare Absprachen gibt, Vereinbarungen eingehalten und Informationen zuverlässig weitergegeben werden und dass die Außenwirkung stimmig ist.

SELBST- UND FREMDWAHRNEHMUNG

Wahrnehmung bildet den Ausgangspunkt jeder Kommunikation. Denn um eine*n Gesprächspartner*in als solche*n zu erkennen, muss ich ihn*sie zuerst wahrnehmen. Und bevor ich meine eigenen Wünsche oder Bedürfnisse äußere, muss ich sie ebenfalls wahrnehmen. In diesem Abschnitt erarbeiten wir ähnlich wie in einem Kommunikationstraining die drei wichtigsten Grundmerkmale der Wahrnehmung praktisch.

Blitzveränderungs-Tipp
Hilfreich ist es, die folgenden Praxisbeispiele mit deinem Team zu bearbeiten. Je mehr Kolleg*innen sich daran beteiligen, desto mehr Perspektiven wirst du erlangen und desto deutlicher wird der Unterschied zwischen subjektiver Wahrnehmung und der Wahrnehmung der anderen. Teile diese und auch andere Erfahrungen aus diesem Ratgeber mit deinem Team, damit ihr alle dieselben Grundlagen habt.

WAHRNEHMUNG IST ABHÄNGIG VOM BLICKWINKEL

Wahrnehmung beruht auf der Summe unserer Sinneseindrücke Sehen, Hören, Riechen, Fühlen und Schmecken. Diese Sinneseindrücke werden immer durch unsere Erfahrungen, unsere Wünsche und Hoffnungen gefiltert. Deshalb registriert ein hungriger Mensch auf dem Weg durch die Innenstadt eher die Imbissbuden und ein Mensch, der dringend auf die Toilette muss, eher die öffentlichen Toiletten. Diesen Umstand bezeichnen wir als selektive Wahrnehmung.

Dass mehrere Menschen eine völlig verschiedene Wahrnehmung haben können, zeigen die sogenannten Kippbilder. Was sehen deine Kolleg*innen? Eine weiße Vase oder zwei schwarze Gesichter im Profil?

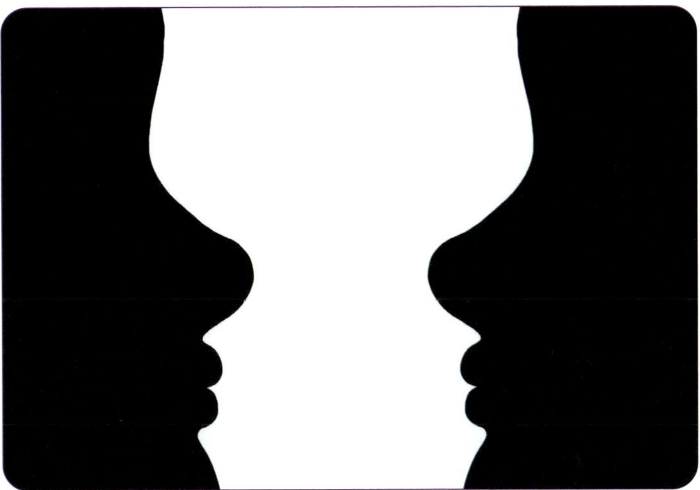

Die nach ihrem Erfinder Edgar John Rubin benannte Rubin'sche Vase

Es ist selten der Fall, dass alle Teammitglieder bei solchen Kippbildern das Gleiche sehen bzw. zuerst das Gleiche sehen. Auch bei der Betrachtung von Problemen, Herausforderungen oder bei der Beschreibung eines einzelnen Kindes können zwei oder drei Kolleg*innen eine ganz unterschiedliche Wahrnehmung haben. Das zeigt das folgende Fallbeispiel.

Spiel mit Stöcken

Kollegin Imen schaut aus dem Fenster der Bärengruppe. Auf dem Außengelände sieht sie den neuen Praktikanten Björn sitzen. Direkt vor seiner Nase spielen zwei Kinder ausgelassen mit Stöcken. Imen beschließt, Björn bei nächster Gelegenheit auf das Spielen mit Stöcken anzusprechen. Zum selben Zeitpunkt schaut Kollegin Manuela aus dem Fenster der Mäusegruppe. Sie sieht auf dem Außengelände den neuen Praktikanten Björn aus der Bärengruppe, der tatenlos dabei zuschaut, wie zwei Kinder gegenseitig mit Stöcken aufeinander einschlagen. Manuela lässt alles stehen und liegen, rennt hinaus und schreit: „Auseinander, ihr beiden! Björn, wieso sagst du denn gar nichts?" Die Kinder lassen die Stöcke sinken, Björn ist perplex. Manuela hat sein wunderbares Ritter-Rollenspiel gestört.

Das Fallbeispiel zeigt: Ein **Perspektivenwechsel verändert die Wahrnehmung**. Das bezieht sich zum einen auf die räumliche Perspektive: Also von welchem Fenster aus schaue ich auf Björn und die beiden Kinder? Bin ich vielleicht näher dran und somit in Hörweite? Zum anderen ist die innere Perspektive gemeint, also der innere Blickwinkel, der sehr viel mit Haltung zu tun hat. Kollegin Imen hat in unserem Beispiel eine gelassenere Einstellung zu Stöcken. Daher bleibt sie bei diesem Schauspiel ruhiger als Kollegin Manuela, die schon einmal ein Kind wegen eines Stockkampfs ins Krankenhaus schicken musste. Einen unterschiedlichen inneren Blickwinkel habt ihr im Team sicherlich auch, wenn es darum geht, ob Kinder mit oder ohne Jacke nach draußen dürfen, ob bestimmte Eltern nett oder anstrengend sind oder ob Smoothies ein gesunder Snack sind.

Blitzveränderungs-Tipp

Versuche, die Welt aus den Augen des*der anderen zu sehen, bevor du urteilst oder voreilige Schlüsse ziehst. Dabei kann ein Gedankenspiel helfen. Stelle dich im Geiste hinter die Person, blicke ihr gedanklich über die Schulter und versuche, die Welt durch ihre Augen zu sehen. Oft hilft das, um einen Einblick in die Perspektive von anderen zu erhalten.

WAHRNEHMUNG IST SUBJEKTIV

Immer wieder bitten mich bei Seminaren Kita-Leitungen, ihnen meine „objektive Wahrnehmung" zu einem speziellen Thema im Team kundzutun. Leider muss ich sie jedes Mal enttäuschen, denn eine objektive Wahrnehmung – von mir und jedem anderen Menschen – ist vollkommen unmöglich. Warum? Die Grundlage jeder Wahrnehmung sind unsere Sinne. Wir sehen, hören, fühlen, schmecken und riechen. Diese Sinne sind bei jedem Menschen anders ausgeprägt. Der eine trägt eine Brille, die andere ein Hörgerät, manche empfinden den Geschmack von Koriander als seifig, andere lieben ihn. So sind also schon die Sinneseindrücke verschieden. Bei der Wahrnehmung kommt jedoch noch etwas anderes hinzu. Unser Gehirn kombiniert die Erkenntnisse der einzelnen Sinne, ergänzt sie anschließend um Gedanken und Erfahrungen und interpretiert sie schließlich individuell. Daher ist es naturgegeben, dass zwei Menschen dieselbe Situation oder Person unterschiedlich wahrnehmen. Jede Wahrnehmung ist folglich subjektiv. Das zeigt das folgende Wahrnehmungsrätsel sehr anschaulich.

Wie viele Quadrate siehst du?

Schaue dir das folgende Bild an. Wie viele Quadrate siehst du? Frage anschließend einige Mitglieder aus deinem Team, wie viele Quadrate sie sehen (im Online-Bereich findest du eine Kopiervorlage dazu).

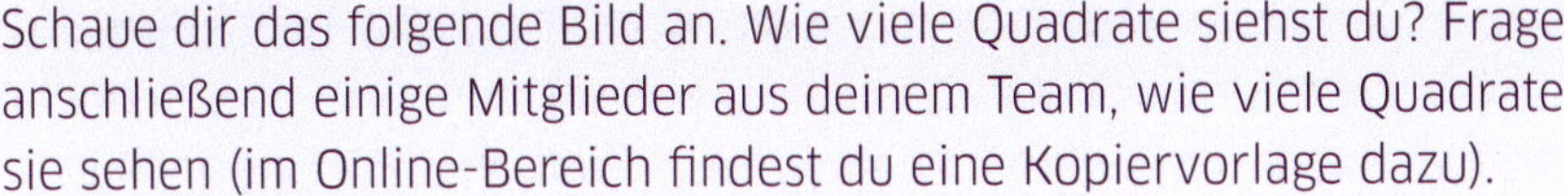

Wenn du „16 Quadrate" geantwortet hast, ist diese Antwort genauso richtig wie 21, 24, 26 oder 30 Quadrate. Das 1x1-Quadrat kann man insgesamt 16-mal sehen, das 2x2-Quadrat insgesamt 9-mal, das 3x3-Quadrat insgesamt 4-mal, das 4x4-Quadrat einmal. Insgesamt sind also bis zu 30 Quadrate möglich. Jede wahrheitsgemäße, aufrichtige Antwort auf diese Frage ist richtig. Warum? Die Frage lautet: Wie viele Quadrate siehst DU?

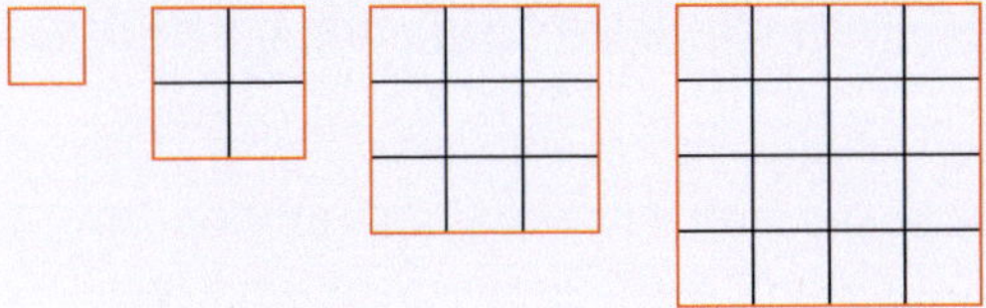

Eine dringende Textnachricht?

In der Kita „Waldwichtel" sind alle Mitarbeitenden mit einem Diensthandy ausgestattet, weil die pädagogische Arbeit weitgehend in der Natur rund um die Kita stattfindet. Um 12 Uhr schreibt die Leitung in den gemeinsamen Chat: „Bitte kommt alle so schnell wie möglich in mein Büro!"
Fünf Minuten später steht Kollegin Renate schweißnass in der Tür und fragt: „Was ist passiert?" Um 14 Uhr ist Kollege Michel mit seinem zweiten Elterngespräch fertig und entschuldigt sich, dass er so spät kommt. Um 16 Uhr kommt Kollegin Tina. Sie hat mit den Kindern den Staudamm zu Ende gebaut, hat sie an die Eltern übergeben, scheint nun die Ruhe selbst zu sein und fragt, wo es denn brennt. Die Chefin ist inzwischen schon auf dem Weg nach Hause.

Sind alle Mitarbeitenden in dem Fallbeispiel „so schnell wie möglich“ gekommen? Würden wir die drei Kolleg*innen in dem Moment, wenn sie durch die Tür hereinkommen, fragen, würden sie vermutlich mit Ja antworten. Wenn sie ein paar Sekunden über ihre Antwort nachdenken, würden sie meiner Erfahrung nach ins Wanken geraten. Denn wenn Wahrnehmung tatsächlich subjektiv ist, liegen in der Formulierung einer Dienstanweisung schon verborgene Fallstricke (oder wenn man so will: Schlupflöcher), um sich misszuverstehen. „Kommt so schnell wie möglich“ klingt für jede*n etwas anders. Daher nimmt jede*r die Anweisung mehr oder weniger wichtig und dringlich auf. Bessere Formulierungen der Chefin wären gewesen:

- „Mein Mann ist gestürzt und ich muss sofort ins Krankenhaus.“ (wichtig und dringlich)
- „Ich brauche eine Unterschrift auf den Stundenzetteln. Bitte kommt heute bis 14 Uhr in mein Büro.“ (wichtig und einigermaßen dringlich)
- „Ich möchte mit euch über die Urlaubsplanung sprechen, bitte kommt in mein Büro, sobald es euch möglich ist, spätestens aber bis Freitagnachmittag.“ (wichtig, aber nicht dringlich)

Im Alltag ergeben sich in der Teamkommunikation häufig Unstimmigkeiten oder Missverständnisse, da einzelne Teammitglieder unterschiedliche Wahrnehmungen haben:

- Kollegin Ulrike bittet die neue Auszubildende, die Puppenecke aufzuräumen, sodass sie wieder „einigermaßen ordentlich“ aussieht. Das Ergebnis ist jedoch nur ein Abbild des Ordnungs- und Sauberkeitsempfindens der Auszubildenden, das noch lange nicht dem Maßstab der Kita entsprechen muss.
- Kollege Erik findet, dass es im Gruppenraum immer wahnsinnig warm ist, und reißt die Fenster auf. Kollegin Ursula findet es im selben Raum immer total kalt und dreht die Heizung hoch. Die beiden haben ein unterschiedliches Wärme- bzw. Kälteempfinden.
- Kollege Atilla und Kollegin Chantal haben abwechselnd Außenaufsicht. Während Kollege Atilla die Kinder schon ab dem ersten Kletterversuch vom Birnbaum runterscheucht, lässt Chantal die Kinder bis zum vierten Ast klettern. Die beiden nehmen das Gefahrenpotenzial beim Klettern anders wahr.

Blitzveränderungs-Tipp

Formuliert Anweisungen und Bitten immer möglichst präzise und direkt. Vermeintlich höfliche oder „selbstverständliche“ Aussagen werden oft missverstanden.

ERWARTUNGEN BEEINFLUSSEN DIE WAHRNEHMUNG

In vielen Fortbildungen stelle ich das folgende Rätsel und lasse die Teilnehmenden zwei bis drei Minuten überlegen, wie sie es lösen würden.

Ein Mann geht nach einer langen Sauftour stark angetrunken nach Hause. Auf dem Weg sieht er eine Münze am Boden liegen. Obwohl weder Mond noch Sterne am Himmel zu sehen sind und auch keine Straßenlaterne erleuchtet ist, hat er das Geldstück schon von Weitem gesehen. Wie ist das möglich?

Die Lösungen, die die Teilnehmenden finden, gehen oft in diese Richtung:

- Hatte er eine Taschenlampe?
- Vielleicht hat das Geldstück doch irgendwie reflektiert?
- Hatte er selbst schon so die Lampen an?
- Ist ein Auto vorbeigefahren?

Alle diese Lösungen gehen von derselben Annahme aus: In der Geschichte muss es dunkel sein, da weder Mond noch Sterne noch eine Straßenlaterne für Licht sorgen können. Sauftouren finden üblicherweise abends oder nachts statt. Tatsächlich ist die Lösung aber weit einfacher: Es ist helllichter Tag! Wir lassen uns von den Triggerwörtern nur verwirren und in ein ganz anderes Szenario entführen.
Unsere Erwartungen wirken wie Filter, die unsere Wahrnehmung beeinflussen. Das kannst du dir wie unterschiedlich farbige Folien vorstellen, die man vor einen Bühnenscheinwerfer hält und die das Licht auf der Bühne einfärben. Mit einer blauen Folie blau, mit einer gelben Folie gelb. Mit beiden Folien zusammen grün. Kommen noch weitere Farben wie Rot, Violett, Pink oder Orange hinzu, wird das Licht immer gräulicher und trüber, vor allem aber immer dunkler.
Im echten Leben wirken anstelle der Folien Erwartungen auf unsere Wahrnehmung und lassen uns ein und dieselbe Situation völlig unterschiedlich bewerten, wie das folgende Fallbeispiel zeigt.

Der Weihnachtsbasar

Die neue Kita-Leitung Mayla kündigt auf einer Teamsitzung im August an, dass sie gemeinsam mit dem benachbarten Seniorenheim einen Weihnachtsbasar organisieren möchte. Was geht unmittelbar im Team vor?
Kollegin Tina stöhnt leise auf, denn sie sieht die viele Arbeit. Kollege Nico hat schon großartige Bastelideen im Kopf. Kollegin Zeynep denkt frohlockend an Glühwein. Und Kollegin Natascha überlegt, ob es nicht besser „Winterbasar" heißen sollte.

Im Fallbeispiel ist Kollegin Tina in Gedanken bei einer viel zu vollen To-do-Liste und erwartet durch den Weihnachtsbasar zusätzliche Arbeit. Kollege Nico liebt es, zu basteln, und freut sich auf neue kreative Herausforderungen. Kollegin Zeynep erinnert sich an die letzte Weihnachtsfeier und an den Duft von selbst gemachtem Glühwein und wünscht sich, dass es wieder genauso schön wird.
Wir können also davon ausgehen, dass jede*r im Team Dinge ein kleines bisschen anders wahrnimmt. Wir haben zu jedem Zeitpunkt unsere subjektiven Filter aktiviert – und sortieren unbewusst alles, was über unsere Sinneseindrücke unser Gehirn erreicht. Zu viele subjektive Filter wirken jedoch wie zu viele farbige Folien: Unsere Wahrnehmung wird eingetrübt.

Vielleicht fällt dir als Leitung auf, dass bestimmte Kolleg*innen in deinem Team immer die gleichen Filter aktiviert haben: den „Auch-das-noch-Filter", den „Ohne-mich-läuft-hier-gar-nichts-Filter" oder den „Immer-habe-ich-Pech-Filter". Wenn das der Fall ist, bietet es sich an, die Personen auf ihre persönlichen Filter aufmerksam zu machen. Meist wenden Menschen ihre Filter unbewusst an. Sie werden durch ihre eigene Wahrnehmungseintrübung gehemmt und ausgebremst. Im Team kann das zu großen Problemen führen. Denn wie das Bühnenscheinwerfer-Beispiel zeigt: Je mehr Filter jede*r Einzelne aktiviert hat, desto trüber und düsterer wird die Wahrnehmung im Team. Im nächsten Abschnitt zeige ich dir zwei Feedback-Modelle, die dabei helfen, Licht ins Dunkel zu bringen und wertvolle Rückmeldung zu geben.

WAHRNEHMUNGSMODELLE

Ein resilientes Team weiß, dass jede*r im Team Dinge anders wahrnimmt. Und dass ein regelmäßiger Abgleich von Selbst- und Fremdwahrnehmung förderlich ist, um Missverständnissen, Streitereien und Fehlern vorzubeugen. Ein gutes Werkzeug, um sich über unterschiedliche Selbst- und Fremdwahrnehmung klarzuwerden, ist das **Johari-Fenster**. 1955 von Joseph Luft und Harry Ingham entwickelt, stellt es die Dinge, die mir über mich bekannt oder unbekannt sind, in Beziehung zu Dingen, die anderen über mich bekannt oder unbekannt sind. Dadurch entstehen vier Bereiche unseres Bewusstseins. Im Modell heißen sie „öffentliche Person", „mein Geheimnis", „blinder Fleck" und „das Unbewusste".

		Ist es mir bekannt?	
		Ja	Nein
Ist es anderen bekannt?	Ja	Öffentliche Person	Blinder Fleck
	Nein	Mein Geheimnis	Unbewusstes Wissen

Der Bereich **„öffentliche Person"** fasst die Dinge zusammen, die ich über mich persönlich weiß und die auch andere über mich wissen. Je besser man sich im Team kennt, desto größer ist der Bereich im Kollegenkreis. Wenn sich die Kolleginnen Martina und Leyla schon seit acht Jahren kennen, ist der Bereich der öffentlichen Person der beiden jeweils recht groß. Dennoch haben sie noch Geheimnisse voreinander und auch blinde Flecken.

Der Bereich **„mein Geheimnis"** umfasst die Dinge, die ich noch mit niemand anderem geteilt habe. Martina hat Leyla z. B. noch nie gesagt, dass sie eine Rot-Grün-Schwäche hat. Sobald sie es ihr eines Tages sagt, rutscht diese Information in den Bereich „öffentliche Person". Der Bereich „mein Geheimnis" umfasst nicht immer bewusst unausgesprochene Dinge oder gar „düstere Geheimnisse". Oft handelt es sich auch um eigentlich belanglose Informationen über meine Person, die aber im Team für große Erleichterung sorgen, wenn ich sie erst einmal preisgegeben habe. Die im Nebensatz mitgeteilte Rot-Grün-Schwäche löst beispielsweise bei Leyla eine Erkenntnis aus und sie versteht plötzlich, warum Martina beim Weihnachtsbasteln rote Weihnachtsbäume ausgeschnitten hat.

Im Bereich **„blinder Fleck"** sind die Dinge zusammengefasst, die ich noch nicht über mich selbst weiß, jemand anderes weiß sie aber schon (z. B. durch Beobachtung oder durch eine andere Informationslage). Martina stört sich z. B. seit Jahren daran, dass Leyla beim Kaffeetrinken immer so schlürft. Wenn sie sich eines Tages durchringt, es der Kollegin zu sagen, hat Leyla dadurch Informationen über sich gewonnen. Ihre Angewohnheit, zu schlürfen, rutscht also vom „blinden Fleck" in die „öffentliche Person". Dieser Prozess wird als **Feedback** bezeichnet.

Das Handy in der Teamsitzung
Im Team der Kita „Löwenmäulchen“ hat der neue Praktikant Djamal angefangen. Djamal ist ein aufgeschlossener und freundlicher junger Mann. Zwar spricht er noch nicht lange Deutsch und tut sich noch etwas schwer mit der einen oder anderen Formulierung. Aber er hat einen herzlichen und offenen Umgang mit den Kindern. In der ersten Teamsitzung hat Djamal zum Leidwesen einiger älterer Kolleg*innen ständig sein Handy in der Hand. Er tippt darin herum, während die Leitung spricht. Als er sogar ein Foto von den Aufzeichnungen an der Flipchart macht, kann Kollegin Cornelia nicht mehr an sich halten: „Ich finde das etwas unhöflich mit dem Handy. Pack das doch bitte mal weg und konzentriere dich ein bisschen!“ Djamal errötet und zeigt das Display seines Handys in die Runde. Er hat eine Übersetzungs-App geöffnet. Nach einem kurzen Moment der Stille macht es bei Cornelia klick. Auch sie errötet.

Die Handynutzung bei jungen Leuten hat Cornelia schon häufig aufgeregt, daher ist sie im ersten Moment stolz, ihrem Unmut endlich einmal Luft zu machen. Im Fallbeispiel trifft ihr Feedback aber unerwartet auf ein Geheimnis. Hätte Kollegin Cornelia eher gewusst, dass Djamal die Informationen der Teamsitzung in seine Muttersprache übersetzt, hätte sie sicherlich ein anderes Feedback gegeben.

Blitzveränderungs-Tipp
Geheimnisse und blinde Flecken offen anzusprechen, fordert und fördert das Vertrauen im Team. Ein Team mit wenig Geheimnissen und einer offenen Feedbackkultur ist tendenziell viel resilienter als eher verschlossene Teams.

Der letzte Bereich im Johari-Fenster ist das **„Unbewusste“**. Hier sind die Dinge verankert, die weder ich selbst über mich weiß noch andere über mich wissen. Mit anderen Worten: Ich habe sie (noch) nicht wahrgenommen und andere haben sie ebenfalls (noch) nicht wahrgenommen.

Oft wird das Unbewusste in der Psychologie durch das **Eisbergmodell**[2] verbildlicht. Aufgrund seiner spezifischen Dichte schaut von einem Eisberg nur ein kleiner Teil aus dem Wasser. Dieser sichtbare Teil ist das Bewusste. Der weitaus größere Teil liegt unter der Wasseroberfläche und verkörpert damit das Unbewusste.

[2] Urheber*in nicht eindeutig bekannt.

Wie beim Eisberg: Der größte Teil unseres Bewusstseins liegt unter der Oberfläche.

Der große Bereich des Unbewussten erinnert uns daran, dass wir auch mit einer noch so aufmerksamen Wahrnehmung an unsere Grenzen stoßen. Denn nur etwa fünf Prozent unserer Wahrnehmung läuft tatsächlich bewusst ab. Der gewaltige Rest von 95 Prozent geschieht unterbewusst. Woran liegt das? Von der Flut von Sinneseindrücken, die jede Sekunde auf uns einprasseln, wären wir schnell vollkommen überfordert. Beim Verarbeiten dieser Eindrücke sortiert unser Gehirn also notgedrungen zwischen vermeintlich wichtigen Informationen, die es ins Bewusstsein schickt, und vermeintlich weniger wichtigen Informationen, die im Unbewussten verweilen. Die Gründe für diese Auswahl sind sehr komplex. Interessant ist, dass Erinnerungen, Gefühle und Bedürfnisse dabei eine Rolle spielen, wie die folgenden Beispiele zeigen.

- Chefin Marielle empfindet die neue Auszubildende irgendwie als unselbstständig und unzuverlässig. Es dauert eine ganze Weile, bis sie durch eine Kollegin darauf aufmerksam gemacht wird: Die Auszubildende hat eine extrem verschlossene und in sich gekehrte Körpersprache. Marielles Gehirn war mit anderen Sinneseindrücken beschäftigt und hat der Körperhaltung zunächst wenig Bedeutung zugeschrieben. Sie ist im Unbewussten geblieben.

- Die neue Kollegin Jill löst beim erfahrenen Erzieher Stefan starkes Unbehagen aus, ohne dass er es bemerkt. Auch als er es bemerkt, dauert es eine ganze Weile, bis er es versteht: Jill trägt ein Parfüm, das ihn an seine ehemalige Mathelehrerin erinnert. Stefans Gehirn hat den Geruchssinn weniger hoch priorisiert und daher ist die Verknüpfung mit der ungeliebten Mathelehrerin lange im Unbewussten geblieben.

Achtung!
In Zeiten des Fachkräftemangels könnt ihr es euch nicht leisten, eine Kollegin nicht zu mögen, nur weil sie riecht wie eure Mathelehrerin. Versucht in einem solchen Fall, mit eurer Wahrnehmung ganz bewusst umzugehen, beispielsweise die Wertung des Parfümgeruchs neu zu definieren und eure Verknüpfung mit der negativen Erinnerung „zu überschreiben". Mutige Teammitglieder sprechen natürlich auch eher intime Dinge wie Körpergeruch ganz offen an.

Auch der Umgang mit dem Unbewussten ist wichtig für resiliente Teams. Du erinnerst dich sicher an Situationen, in denen du als Leitung eine Entscheidung aus dem Bauch heraus getroffen hast. Oft sind das Entscheidungen, die gegen sachliche Argumente, Daten, Zahlen und Fakten getroffen werden. Natürlich hast du die Entscheidung nicht „aus dem Bauch" heraus getroffen. In Wahrheit hat sich dein starkes (und oft emotional viel fitteres) Unbewusstsein gegen das sachliche, meist rationale Bewusstsein durchgesetzt.
Kommuniziert im Team auch Bauchgefühle, Ahnungen und Empfindlichkeiten. Auch wenn ihr einige Meinungen nicht rational erklären oder mit Zahlen, Daten und Fakten untermauern könnt, solltet ihr einander gut zuhören und euch ernst nehmen.

DIE MACHT DER POSITIVEN KOMMUNIKATION

Wenn du dich ein wenig mit menschlicher Kommunikation befasst hast, hast du wahrscheinlich schon einmal gehört, dass man nicht nicht kommunizieren kann. Diese Weisheit stammt aus der Feder des Kommunikationswissenschaftlers Paul Watzlawick[3]. In meinen Trainings verdeutliche ich sie mit einer lustigen und sehr einfachen Übung.

[3] Watzlawick/Beavin/Jackson 2011, S. 53.

Die Parkbankübung

Bitte deine Kolleg*innen, sich zu zweit zusammenzusetzen. Lasse sie festlegen, wer Person A und wer Person B ist, und gib ihnen dann mit einem gewissen Augenzwinkern folgende Aufgabenstellung: *„Es ist ein warmer Frühlingstag. Person A, du sitzt auf einer Parkbank und genießt eine Viertelstunde nur für dich. Du hast Quality Time mit dir selbst. Endlich einmal keine Kita, keine Kinder, keine Eltern, keine störenden Geräusche, keine Telefone. Person B, du sitzt neben Person A auf der Parkbank. Du freust dich, dass da schon jemand sitzt, denn du hast heute wirklich Lust, neue Leute kennenzulernen, über die Arbeit und Privates zu reden, Kochrezepte auszutauschen oder vom anstehenden Urlaub zu berichten. Person A, deine Aufgabe ist es nun, eine Minute lang nicht zu kommunizieren. Person B, deine Aufgabe ist es, eine Minute zu kommunizieren, was das Zeug hält, und ein Gespräch in Gang zu bringen."*

Person A wird es natürlich nicht gelingen, nicht zu kommunizieren. Vielleicht wird sie lachen, vielleicht wird sie verzweifeln. Und selbst wenn Person A es schafft, ein perfektes Pokerface zu bewahren, werden am Ende alle einsehen, dass auch ein perfektes Pokerface eine Art von körpersprachlicher Kommunikation darstellt. Es zeigt sich bei dieser Praxisübung sehr eindrücklich, dass wir tatsächlich nicht nicht kommunizieren können.

Dass nicht nur verbale Kommunikation, sondern auch Gestik, Mimik und Körperhaltung von Kolleg*innen, Leiter*innen oder Eltern Botschaften aussenden, die einen Einfluss auf die Teamresilienz haben können, verdeutlichen folgende Schilderungen, die ich in den letzten Jahren von pädagogischen Einrichtungen erhalten habe:

- „In unserer Kita gibt es zwei Mitarbeiterinnen, die ständig tuscheln und dabei dieses verschmitzte „Insider-Wissen-Gesicht" machen. Das macht uns alle irgendwie nervös, weil wir das Gefühl haben, die beiden sind nur am Lästern. Ich habe das den beiden Kolleginnen schon vorsichtig gesagt, aber das hat nur für noch verschmitztere Gesichter und noch schlechtere Stimmung gesorgt."
- „Bei uns haben sich in letzter Zeit einige Eltern zusammengerottet und konfrontieren uns ständig mit irgendwelchen Befindlichkeiten. Sie meckern und nörgeln viel und zeigen das auch mit ihrem Gesichtsausdruck und ihrer Gestik. Das macht uns richtig zu schaffen."

- „Wir brauchen ein individuelles Coaching für eine Kita-Leitung, die an ihrer Haltung arbeiten soll. Das Team ist eingeschüchtert von ihr. Sie muss dringend einmal hören, dass sie mit ihrer Ausstrahlung, ihren Worten und ihren finsteren Blicken total die Stimmung drückt. Die Mitarbeitenden haben Angst vor ihr und auch die Eltern haben uns das gespiegelt."

Meine Aufgabe als Coach ist es in diesen Fällen, die „negative Kommunikation" durch eine positive(re) Kommunikation zu ersetzen. Dabei kann man mit der Arbeit an kleinen Stellschräubchen wirklich große Veränderungen bewirken. Positive Kommunikation ist ohne Übertreibung ein riesiger Schritt in Richtung Teamresilienz, denn sie wirkt sich folgendermaßen auf die Teammitglieder und das ganze Team aus:

- Eure Gesundheit profitiert von der positiven Körperhaltung.
- Eure positive äußere Haltung wirkt sich auf eure innere Haltung aus.
- Ihr strahlt Gesprächsbereitschaft und Offenheit aus.
- Ihr habt eine sympathische, professionelle Außenwirkung.
- Ihr werdet widerstandsfähiger gegen verbale und nonverbale Angriffe.
- Ihr habt einen guten Einfluss auf die Stimmung der Kinder.
- Ihr seid besser in der Lage, Lösungen zu sehen, anstatt nur Probleme.

Positive Kommunikation erstreckt sich auf die drei Bereiche **Wortwahl**, **Körpersprache** und **Stimme**.

POSITIVE WORTWAHL

In der positiven Kommunikation geht es darum, sehr bewusst mit Negativformulierungen und Verneinungen umzugehen und sie möglichst zu vermeiden. Dabei solltet ihr explizit nicht ab jetzt nur noch alles positiv sehen und nie wieder Nein sagen. Ganz im Gegenteil. Ein Nein ist in der Kommunikation außerordentlich wichtig. Es geht jedoch darum, wie ich mein Nein transportiere. Nehmen wir das einfache Beispiel „Klettere nicht auf den Apfelbaum!". Diese negative Formulierung ist aus mehreren Gründen ungünstig:

- Menschen überhören oft das Wort „nicht". Das gilt insbesondere für Kinder und für Menschen, die Deutsch als Zweit- bzw. Fremdsprache sprechen.
- Bislang unbeteiligte Zuhörer*innen die den Satz hören, werden animiert, ebenfalls das „Verbotene" zu tun („Oha, da gibt es Äpfel?").
- Menschen, die nur ein Verbot hören, sind schnell frustriert und müssen für eine bessere Alternative um die Ecke denken. Daher ist es besser, direkt die Alternative zu nennen.

Eine positiv formulierte Alternative zu „Klettere nicht auf den Baum!“ könnte beispielsweise sein: „Bleib unten!“ Der Inhaltsaspekt der Aussage bleibt erhalten, aber die Aufforderung enthält kein „nein“ und nennt zugleich eine Alternative.

So setzt du positive Sprache um

- Behalte den Inhalt der Aussage bei.
- Verzichte auf die Wörter „nein“, „kein“, „nicht“ und „nie“.
- Vermeide Wörter, die mit „un-“ beginnen (z. B. „unmöglich“, „ungeliebt“, „unfair“).
- Formuliere motivierend und wohlwollend.
- Vermeide Konjunktive (z. B. „sollte“, „könnte“, „hätte“, „würde“).
- Zeige Alternativen auf, anstatt nur Dinge zu verbieten.

Es geht bei der Verwendung der positiven Sprache vor allem darum, sensibel für den Gebrauch von Negativformulierungen zu werden. Die folgende Übung mit Sätzen, die so oder ähnlich in pädagogischen Einrichtungen häufig fallen, zeigt, wie das gehen könnte.

Ein Händchen für positive Sprache

Versuche, die folgenden Sätze positiv umzuformulieren.
Dabei kannst du die Tipps aus der Checkliste anwenden.

1. „Die zwei Monate bis zu den Ferien werden echt nicht leicht.“
2. „Ihre Tochter kann immer noch nicht allein aufs Klo gehen.“

3. „Da bin ich nicht die richtige Ansprechpartnerin.“
4. „Ich finde es unmöglich, dass du nie pünktlich kommst.“
5. „Hallo Frau Ansari, ich rufe wegen Nasrin an. Keine Sorge, es ist nichts Schlimmes passiert, aber Nasrin muss vielleicht doch einmal zum Arzt, um zu kontrollieren, ob etwas gebrochen ist. Aber nur, um das klarzustellen: Wir sind nicht schuld! Es hat niemand seine Aufsichtspflicht verletzt!“ (für Profis)

Schauen wir uns an, warum man die Sätze umformulieren sollte und wie das gelingt. Natürlich gibt es mehrere richtige Lösungen.

1. „Die zwei Monate bis zu den Ferien werden echt nicht leicht.“

Der Satz verstärkt die negative Sicht auf die zwei Monate („nicht leicht“). Wird solch ein Satz permanent wiederholt, zementiert sich auch die Schwere der Aussage. Eine bessere Formulierung wäre: „Die zwei Monate bis zu den Ferien werden herausfordernd.“ Diese Formulierung ist lösungsorientierter und zukunftsgewandter.

2. „Ihre Tochter kann immer noch nicht allein aufs Klo gehen."
Der Satz lenkt den Blick auf die Defizite des Kindes („kann nicht"). Gleichzeitig schwingt ein kleiner unterschwelliger Vorwurf mit („immer noch nicht"). Das wollen Eltern nicht hören. Besser wäre: „Ihre Tochter braucht beim Toilettengang noch Unterstützung." Dadurch zeigst du, dass du dem Kind hilfst und dass es nicht allein ist. Das bietet eine positive Basis für ein Gespräch.

3. „Da bin ich nicht die richtige Ansprechpartnerin."
Der Satz klingt wie eine Ausrede („Puh, Glück gehabt, ich bin nicht die richtige Ansprechpartnerin!"). Der*die Gesprächspartner*in steht nun erst einmal vor einer verschlossenen Tür. Besser ist es, eine Alternative aufzuzeigen: „Da kann Ihnen Frau Meier besser weiterhelfen." Oder: „Rufen Sie noch mal gegen 14 Uhr an, wenn Frau Meier da ist."

4. „Ich finde es unmöglich, dass du nie pünktlich kommst."
Wörter wie „unmöglich", „unverschämt" oder „Unding" wirken wie ein aufgeplustertes Vögelchen, das sich größer machen möchte. Besser: „Ich ärgere mich, dass du heute erneut 15 Minuten zu spät gekommen bist. Ich möchte, dass du morgens pünktlich bist."

5. „Hallo Frau Ansari, ich rufe wegen Nasrin an ..."
In vielen Situationen hören Menschen nur die Signalwörter in einem Satz. In diesem Fall sind das „Sorge", „Schlimmes", „Schuld", „Aufsichtspflicht". Verstärkt wird das noch, wenn der*die Gesprächspartner*in mit einer anderen Muttersprache aufgewachsen ist. Die Eltern werden sich nach dieser Aussage wahrscheinlich sofort Sorgen machen und nach Schuldigen suchen. Und das, obwohl oder gerade weil noch nicht einmal gesagt wurde, was eigentlich passiert ist. Besser formuliert, könnte der Satz lauten: „Hallo Frau Ansari, ich rufe an, weil ich Sie bitten möchte, einmal vorbeizukommen. Nasrin ist beim Klettern gerade hingefallen. Sie hat ein bisschen geweint, aber es geht ihr gut und sie lacht auch schon wieder. Wir glauben, dass ein Besuch beim Arzt gut wäre, um auf Nummer sicher zu gehen. Alles Weitere können wir dann gleich hier klären."

Blitzveränderungs-Tipp
Nutzt mehr Positivformulierungen. Immer noch höre ich in vielen Einrichtungen Regeln wie: Nicht rennen! Nicht schreien! Nicht mit Essen werfen! Das Wort „nicht" klingt im Gehirn eurer Gesprächspartnerin oder eures Gesprächspartners immer etwas leiser. Daher spornt ihr den*die andere*n mit diesen Regeln genau

zum Gegenteil an. Bessere Regeln sind: Langsam gehen! Leise reden. Das Essen auf dem Teller lassen.

POSITIVE KÖRPERSPRACHE

Jeder Mensch kann intuitiv sagen, ob ein anderer Mensch auf ihn positiv oder negativ wirkt – und ob der erste Eindruck eher sympathisch oder unsympathisch ist. Dieser Eindruck lässt sich oft nur schwer in Worte fassen oder begründen. Denn er ist immer ein Ergebnis von Wahrnehmung, also einer bereits im Gehirn interpretierten Beobachtung bestimmter körpersprachlicher Merkmale.
Unsere Körpersprache steuern wir in den seltensten Fällen bewusst. Unsere Gestik, unsere Mimik, unsere Augenbewegungen, unser Stirnrunzeln – das alles wird meistens durch unser Unterbewusstsein gesteuert.

Positive Körperhaltung macht den Unterschied

Gib deinen Kolleg*innen zunächst die Anleitung für Schritt 1 und führt die Übung durch. Anschließend folgt die Erklärung für Schritt 2.

Schritt 1: Stellt euch im Kreis auf. Bitte alle, die Arme zu verschränken. Nimm einen weichen Softball und kündige das Folgende an: „Ich schaue jetzt eine Kollegin an, werfe den Ball aber dann zu einer anderen Kollegin. Ihr habt die Aufgabe, die Hände rechtzeitig zu befreien und den Ball zu fangen." Wiederholt die Übung mit Händen in den Taschen, mit gebückter Körperhaltung oder mit den Händen hinter dem Rücken. Vermutlich wird das Fangen des Balls immer wieder missglücken.

Schritt 2: Bitte nun alle, eine freundliche, positive Körperhaltung einzunehmen. Anschließend wiederholt ihr die Übung. Das Fangen des Balls wird nun vermutlich als etwas leichter empfunden.

Folgende Beobachtungen werdet ihr im ersten Teil der Übung machen:

- Ihr braucht länger, um euch aus der verschränkten Körperhaltung zu lösen und einen Ball zu fangen.
- Ihr reagiert langsamer und fangt unbeholfener. Eure Bewegungen wirken holprig.
- Manche ruhen sich in ihrer Position aus und greifen eher seltener zu einem Ball, der versehentlich zwischen sie und ihre*n direkte*n Nachbar*in geworfen wird.

Folgende Beobachtungen werdet ihr im zweiten Teil der Übung machen:

- Ihr reagiert schneller, geschickter und freudvoller als vorher.
- Obwohl sich nur eure Körperhaltung geändert hat, wird auch euer Blick wachsamer.
- Wird ein Ball versehentlich zwischen zwei Personen geworfen, greifen tendenziell häufiger beide Personen danach.

In der Reflexion der Übung kannst du mit deinem Team die Merkmale einer „guten" Körperhaltung, mit der es leichtfällt, den Ball zu fangen, gegenüber einer „schlechten" Körperhaltung, mit der es schwerfällt, den Ball zu fangen, erarbeiten. Sammelt die Merkmale nach eigenem Empfinden, denn dafür gibt es keine anatomische Anweisung, die man eins zu eins auf jeden Menschen übertragen kann. Jeder Mensch hat andere körperliche Voraussetzungen. Als Hilfestellung für eure Reflexion möchte ich dir folgende Tipps geben:

- Nur eine Körperhaltung, in der du dich wohlfühlst, ist auch eine gute Körperhaltung für dich. Schaue dir nicht unreflektiert irgendwelche Haltungen von Kolleg*innen, Politiker*innen oder Lehrbüchern ab.
- Halte deine Hände vor dem Körper, nicht dahinter, verschränkt oder in den Taschen.
- Halte deinen Kopf und Oberkörper aufrecht. Versuche, dir vorzustellen, dein Kopf sei an einem magischen Silberfaden an der Decke befestigt.
- Halte deine Knie minimal gebeugt, nicht durchgedrückt. Dadurch federn deine Beine ein wenig, als wären sie bereit zum Sprung. So wirkst du handlungsfähig.
- Versuche, wohlwollend Blickkontakt aufzubauen und ohne Zwang einige Sekunden zu halten. Schau dabei nicht auf Nase oder Stirn und nicht auf die eigenen Knie und starre dein Gegenüber nicht an.
- Lächle und nicke, wenn es inhaltlich passt, um beim Zuhören Interesse zu zeigen. Vermeide aber Dauergrinsen oder abwesendes „Ja-ja-Nicken".

Wie wirkt eine positive Körperhaltung?

Eine positive Körperhaltung signalisiert Offenheit und Bereitschaft. Sie macht dich schneller handlungsfähig. Mit einer positiven Körperhaltung wirst du eher als kompetente*r Gesprächspartner*in angesehen und erhöhst deine eigene Veränderungsbereitschaft sowie diejenige deines Gegenübers. Darüber hinaus bist du abwehrfähiger gegen verbale Angriffe und/oder Vorwürfe.

POSITIVE STIMME

Die Wörter „Stimme“ und „Stimmung“ haben im Deutschen denselben Wortstamm. Sie sind miteinander verwandt. Das kann als kleine Eselsbrücke dienen. Unbewusst ist unsere Stimme das Aushängeschild unserer Stimmung. Und das kann eine Menge über uns verraten. Klingen wir z. B. am Telefon genervt, wenn eine Mutter heute zum dritten Mal anruft? Knirschen wir innerlich mit den Zähnen, wenn der Träger das Geld für die Materialbestellung streicht?

In der folgenden Übung versucht ihr, eure Stimme ganz bewusst zu verstellen, sodass ein bestimmtes Gefühl damit transportiert wird.

Ein Ohr für Gefühle

Bitte zwei Kolleg*innen, sich Rücken an Rücken aufzustellen und auszumachen, wer Person A und wer Person B ist. Person A sagt den Satz: „Oma backt Pfannkuchen!“, und versucht, diesen Satz in ein bestimmtes Gefühl zu tränken. Geeignete Gefühle für diese Übung sind etwa Wut, Traurigkeit, Freude, Verliebtheit, Ekel, Hass, Langeweile, Müdigkeit, Entsetzen oder Gleichgültigkeit. Person B sieht nicht, was Person A macht, versucht aber, das Gefühl herauszuhören und zu benennen. Person A stellt anschließend klar, was sie eigentlich darstellen wollte. Dann wechseln beide die Rollen. Wiederholt die Übung 3- bis 4-mal.

KONGRUENZ IN DER KOMMUNIKATION

Um positiv zu kommunizieren, ist es wichtig, dass Wortwahl, Körpersprache und Stimme kongruent sind. Das heißt, sie müssen untereinander stimmig sein. Denn dein Gegenüber nimmt immer alle drei Faktoren gleichzeitig wahr und interpretiert sie. Stelle dir die drei Bereiche wie die Beine eines Schemels vor. Wenn auch nur ein Bein zu kurz oder zu lang ist, wackelt der ganze Hocker. Deine Außenwirkung kippt beispielsweise, wenn …

… du zum Trägervertreter sagst: „Wir brauchen dieses neue Klettergerüst unbedingt!“, dabei aber einen Schritt zurückgehst und zu Boden schaust.
… du zum Team sagst: „Ich entscheide das jetzt als Kita-Leitung. Glaubt mir, das ist gut für uns!“, dabei an den Nägeln kaust und leise sprichst.
… du mit den Händen in den Hüften und gerecktem Kinn am Sandkasten stehst und sagst: „Luka, Leonie, kommt mal zu mir. Keine Sorge, ich will nur mit euch reden!“

In allen genannten Beispielen sagen die Worte etwas anderes, als die Körpersprache und die Stimme vermuten lassen würden. Daher kippt der sprichwörtliche Hocker und du wirkst nicht kongruent. Die Gesprächspartner*innen wittern Verrat, Unehrlichkeit, im schlimmsten Fall eine Schwachstelle, an der sie angreifen können. Wenn du Körpersprache und Stimme nicht kontrollieren kannst, also merkst, dass du in eine negative Haltung verfällst, solltest du auch auf der Inhaltsebene deine Gefühlslage kommunizieren:

- „Ich weiß, dass wir nicht viel Geld ausgeben können, daher ist es mir fast unangenehm, danach zu fragen. Aber das neue Klettergerüst ist uns sehr wichtig."
- „Ich fühle mich selbst etwas unwohl mit der Situation, aber irgendjemand muss die Entscheidung für uns alle treffen und auf die Schultern nehmen."
- „Luka, Leonie, ich bin ein bisschen sauer, dass ihr gerade mit Sand geworfen habt. Bitte kommt mal her, damit wir darüber reden können."

Körpersprachlich und stimmlich hattest du auch vorher schon deine Karten offengelegt. Du machst dich jedoch viel angreifbarer, wenn du inhaltlich etwas vorgaukelst, was dein Körper nicht ebenfalls kommuniziert. Dadurch wirkst du weniger authentisch. Deine Gesprächspartner*innen werden instinktiv das Finde-den-Fehler-Spiel spielen und versuchen, die Unstimmigkeiten aufzudecken. Die Wahrscheinlichkeit, dass du im Gespräch deine Ziele erreichst, sinkt dadurch.

INFORMATIONSVERLUST IN DER KOMMUNIKATION

Stelle dir vor, du würdest deiner Kollegin etwas sagen, und sie wüsste direkt zu 100 Prozent, was du wirklich meinst. Stelle dir vor, du erklärst den Kindern ein Spiel, und sie würden es sofort verstehen. Stelle dir vor, du sprichst mit den Eltern, und es kommt zu keinerlei Missverständnissen. Wäre das nicht eine enorme Erleichterung im Arbeitsalltag? Würde das nicht dazu führen, dass ihr wesentlich weniger Zeit in Kommunikation investieren müsstet und dabei viel weniger Fehler machen würdet? Wie schwierig es ist, sich beim Gegenüber verständlich zu machen, zeigt das Edelstein-Spiel.

Das Edelstein-Spiel

Materialien: Ein Beutel mit gemischten Halbedelsteinen oder verschiedenen Knöpfen (mindestens 100 Stück). Gib deinen Kolleg*innen zunächst die Anleitung für Schritt 1 und führt die Übung durch. Anschließend folgt die Erklärung von Schritt 2.

Schritt 1: Alle Kolleg*innen ziehen verdeckt einen Stein bzw. Knopf aus dem Beutel. Sie selbst dürfen ihn jederzeit betrachten, aber nicht zeigen. Bitte die Kolleg*innen nun, Zweiergruppen zu bilden und sich jeweils zwei Minuten lang gegenseitig den Stein so gut zu beschreiben, dass der*die andere den Stein unter Hunderten wiedererkennen würde.

Schritt 2: Du sammelst alle Edelsteine bzw. Knöpfe verdeckt wieder ein, mischst sie mit den übrigen und leerst den Beutelinhalt auf den Tisch. Jede*r hat nun die Aufgabe, den Stein wiederzufinden, der ihm*ihr beschrieben wurde.

Selbst wenn der Kollege oder die Kollegin den Edelstein noch so genau beschreibt, ist es möglich, dass das Gegenüber den Stein nicht findet oder ihn mit einem anderen verwechselt. Denn auf dem Weg vom Beschreiben zum Verstehen können Informationen verloren gehen oder das Gegenüber interpretiert die Informationen falsch.
Im Alltag passiert es häufig, dass wir Nachrichten übermitteln, die unser Gegenüber falsch versteht. Im Kita-Team können solche Missverständnisse oder Fehlinterpretationen schnell zu Problemen führen.

Warum es so schwierig ist, dass man andere versteht, erklärt das Sender-Empfänger-Modell. Es wurde in den 1940er-Jahren von Claude E. Shannon und Warren Weaver entwickelt und beschreibt die Schwierigkeit, eine Nachricht so von Person A zu Person B zu transportieren, dass der Informationsgehalt eins zu eins erhalten bleibt. Denn auf dem Weg von der sendenden zur empfangenden Person werden Nachrichten gestört, abgelenkt oder sabotiert[4]. Um zu verhindern, dass es zu Missverständnissen oder Fehlinterpretationen kommt, kann sich die empfangende bei der sendenden Person rückversichern, ob sie alles richtig verstanden hat.

[4] Shannon/Weaver 1964, S. 7.

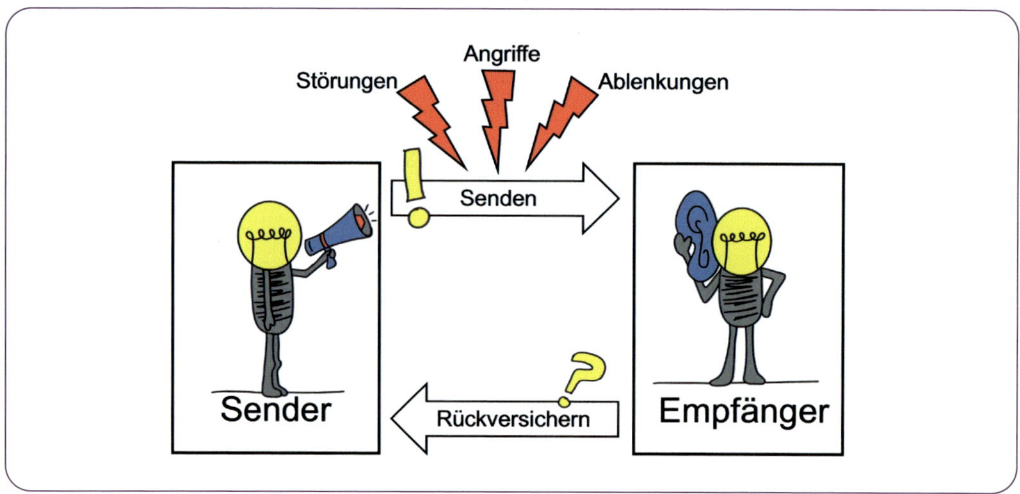

Auf dem Weg von der sendenden zur empfangenden Person unterliegen Nachrichten Störungen.

In der Praxis bietet das Modell eine sehr einfache Erklärung für den Stille-Post-Effekt, also die Tatsache, dass Informationen bei der Übermittlung einer Nachricht verloren gehen oder verfälscht werden.

Stille Post

Eine Person nimmt neben dir Platz. Drei Personen verlassen den Raum. Erzähle Person 1 eine beliebige, aber etwas komplizierte Geschichte. Anschließend kommt Person 2 in den Raum und Person 1 erzählt ihr die eben gehörte Geschichte. Danach kommt Person 3 in den Raum und hört die Geschichte von Person 2. Zum Schluss wiederholt sich das Ganze mit Person 3 und Person 4. Am Ende vergleicht ihr die Stille-Post-Version der Geschichte mit der Ursprungsgeschichte.

Das **WWWiesel** hat dir für die Übung eine witzige Stille-Post-Geschichte im Online-Bereich versteckt.

Die letzte Version der Geschichte aus dem Stille-Post-Spiel wird stark von der Ursprungsgeschichte abweichen. Warum das so ist, zeigt die sogenannte Informationsverlusttreppe[5], die eine Weiterentwicklung des Sender-Empfänger-Modells ist.

[5] Gehm 1999, S. 33.

Informationsverlust vom Denken zum Sagen: Der*die Sender*in der Information hat zwar die richtige Geschichte im Kopf, aber noch lange nicht auf den Lippen. Denn schon vom Denken zum Sagen gehen wichtige Informationen verloren. Hier spielen viele Faktoren auf einmal hinein: Unkonzentriertheit, Vergesslichkeit, bewusstes oder unbewusstes Filtern und natürlich Sprachbarrieren.

Informationsverlust vom Sagen zum Hören: Vom Sagen zum Hören treten technische Probleme auf: störende Umgebungsgeräusche, zu leises oder zu schnelles Sprechen, Nuscheln, kleine oder große Sprachfehler.

Informationsverlust vom Hören zum Denken: Hier wiederholen sich die Fehlerquellen von Schritt 1 und werden durch zu beiläufiges Zuhören der empfangenden Person oder zu starke Interpretation des Gehörten ergänzt.

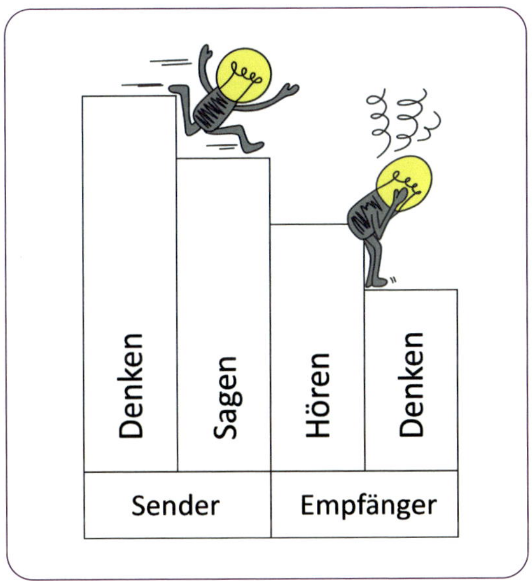

Die Informationsverlusttreppe: Bei der Übermittlung von Nachrichten gehen Informationen verloren.

Achtung!
Stelle dir vor, was die Informationsverlusttreppe nach einigen Runden aus diesem einfachen Satz macht: „Denkt dran, Montag ist keine Kita, weil wir ja Fortbildung haben." Tatsächlich habe ich schon in mehreren Fällen erlebt, dass auf Grundlage dieses Satzes Mitarbeitende am Montag zu Hause geblieben sind.

FÜNF-MINUTEN-ÜBUNGEN GEGEN DEN INFORMATIONSVERLUST

Ich behaupte selbstbewusst, dass in jeder Kita Informationen aufgrund des Stille-Post-Effekts verloren gehen. Ich bin mir auch sicher, dass in jeder Kita dann und wann Informationen dazugedichtet werden, wenn z. B. von der Leitung etwas an Erzieherin 1 weitergegeben wird, die es Erzieherin 2 auf dem Flur erzählt. Und deshalb bin ich fest davon überzeugt, dass jedes Team etwas Zeit investieren sollte, um sich mit Verbesserungsmöglichkeiten auseinanderzusetzen.

Zu jeder Informationsverluststufe stelle ich dir im Folgenden eine Fünf-Minuten-Übung vor, die du mit deinem Team durchführen kannst. So könnt ihr nachhaltig daran arbeiten, dass die Treppe bei euch nicht steil nach unten verläuft, sondern möglichst lange in der Waagerechten bleibt.

Konzentrationsübung (Vom Denken zum Sagen)

Die Aufgabe dieser Übung ist, bewusst nachzudenken, bevor ihr sprecht. So werden die Informationen vor dem Sprechen sortiert und das Gesagte ist für das Gegenüber besser zu verstehen.

Bildet Zweiergruppen. Person A schließt die Augen und denkt an den Weg, den man von der Eingangstür der Kita bis zur am weitesten entfernten Gruppe gehen würde. Nachdem sie den Weg vor ihrem geistigen Auge gezeichnet hat, beschreibt sie ihn flüssig und möglichst ohne Stocken. Dann tauschen beide die Rollen. Person B beschreibt den weitesten Weg, den man auf dem Außengelände gehen könnte. Ihr könnt die Übung auch abwandeln, indem ihr Fahrtstrecken mit dem Auto oder Wege durch Supermarktregale beschreibt.

Fledermaus und Nachtfalter (Vom Sagen zum Hören)

Diese Übung fördert das gefilterte Zuhören vor einer chaotischen Geräuschkulisse.

Ihr bildet einen großen Kreis und bestimmt eine Fledermaus und einen Nachtfalter. Beide treten in den Kreis. Die Fledermaus hat die Augen verbunden und versucht, nur durch „Echolot“ den Nachtfalter zu fangen. Dazu ruft sie laut „Fledermaus!“ und der Nachtfalter antwortet „Nachtfalter!“. Der Nachtfalter versucht natürlich, der

Fledermaus zu entfliehen und sich immer möglichst leise von ihr fortzubewegen. Kommt eins der beiden Tiere dem Kreis zu nahe, rufen die dort Stehenden mit tiefer Stimme „Baum! Baum!". Sollte die Fledermaus nachhaltig Probleme haben, den flinken Falter zu fangen, rücken die Bäume auf Kommando der Spielleitung irgendwann etwas näher zusammen, sodass der Kreis kleiner wird.

Partnerzentriertes Sprechen (Vom Hören zum Denken)
Diese Übung fördert das Übersetzen vom Gehörten in Gedachtes. Sie hilft euch, das Gehörte zu reflektieren und euch bewusster eine Meinung zu bilden. Denn häufig passiert das im Alltag unbewusst und viel zu schnell.

Eine Person stellt sich hinter eine Flipchart. Nur für sie sichtbar ist dort ein Bild angebracht. Die Person beschreibt nun das Bild möglichst exakt. Die übrigen Teilnehmenden fertigen mit Papier und Stift – und nur durch Zuhören – innerhalb von zwei Minuten eine exakte Kopie des Bildes an. Das wird vermutlich bei einigen besser, bei anderen schlechter gelingen. Wichtig ist die Reflexion am Ende der Übung. Stellt euch dabei folgende Fragen:

- Warum sehen alle gezeichneten Bilder anders aus?
- Was könnte der*die Beschreibende beim nächsten Mal (noch) besser machen?
- Was hat es euch leicht oder schwer gemacht, den Beschreibungen zu folgen?

Wiederholt die Übung in Zweiergruppen: Person A beschreibt, Person B zeichnet.

Das **WWWiesel** hat dir für die Übung einige geeignete Bildvorlagen im Online-Bereich versteckt.

Säule 2: TEAMSTRUKTUREN

Ein Team besteht aus organisatorisch-strukturellen Faktoren und sozialen, freundschaftlichen Aspekten. Ohne die sozialen Aspekte wäre es eine Arbeitsgruppe, wie man sie z. B. vom losen Zusammen- bzw. Nebeneinanderarbeiten verschiedener Handwerksbetriebe bei einem Hausbau kennt. Ohne die strukturellen Arbeitsaspekte wäre es eine soziale Gruppe, z. B. eine Familie oder ein Freundeskreis.

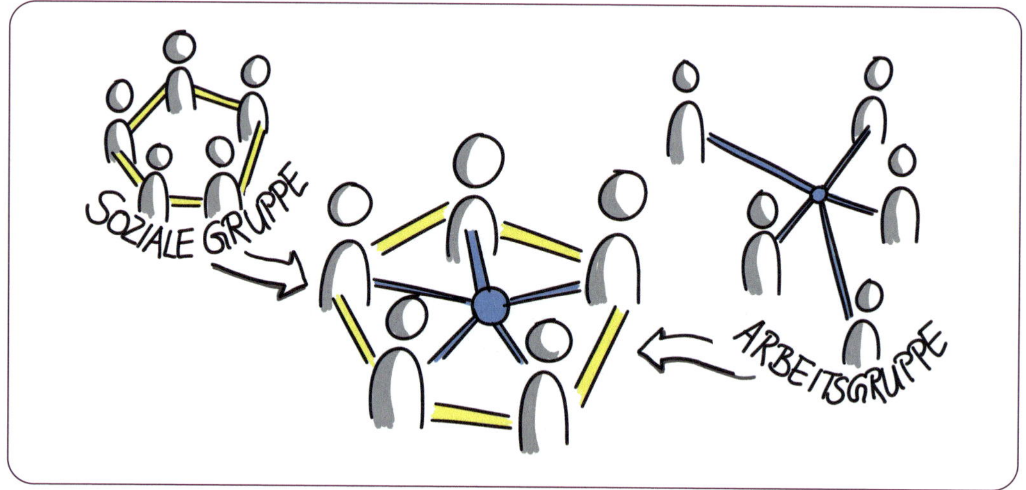

Ein Team ist eine soziale Gruppe und eine Arbeitsgruppe.

SYNERGIEEFFEKTE IM TEAM

Der griechische Philosoph Aristoteles soll den Satz geprägt haben: „Das Ganze ist mehr als die Summe seiner Teile." Das kennen wir auch von der Teamarbeit, denn wir gehen davon aus, dass wir im Team harmonisch unsere Ressourcen teilen, einander motivieren und im regen Austausch kreative Ideen entwickeln. Tatsächlich kann das funktionieren. Und dieser Praxisratgeber soll einen wichtigen Beitrag dazu leisten, dass Kita-Teams mehr sind als die Summe ihrer Teile.

Aber der alte Satz von Aristoteles muss auch auf den Prüfstand gestellt werden: Ist ein Team tatsächlich leistungsfähiger als die Summe der Einzelleistungen? Sollten wir jede Aufgabe blindlings im Team erledigen? Und in welchen Situationen legen wir uns gegenseitig bewusst oder unbewusst Steine in den Weg? Lade dein Team ein, am nachfolgenden Experiment teilzunehmen.

Wie viele Menschen können einen Stuhl tragen?
Alle Teilnehmenden sitzen im Stuhlkreis. Bitte eine Kollegin, aufzustehen, ihren Stuhl anzuheben und auf die gegenüberliegende Seite des Kreises zu tragen. Der Kollege dort steht auf, packt am Stuhl mit an und sie tragen ihn zu zweit zu einer dritten Person. Zu dritt tragen sie den Stuhl zu einer vierten Person usw. Wenn am Ende sieben Personen den Stuhl schleppen, werden sie Probleme haben, sich zu koordinieren, sich auf eine Geschwindigkeit zu einigen, ja überhaupt ein Ende am Stuhl zu finden, wo sie anpacken können, ohne sich mit den eigenen Körpern zu behindern.

Ich habe das Experiment schon unzählige Male in Teamtrainings angewendet. In der Reflexion höre ich oft, dass die erste Person den Stuhl auch allein hätte tragen können. Denn gemeinsam hätten sich die Tragenden gegenseitig nur im Weg gestanden. Natürlich haben die Teilnehmenden Recht. Teamarbeit ist bei dieser konkreten Aufgabe vollkommen deplatziert. Aber was würdest du sagen, wenn die sieben Freiwilligen keinen Stuhl, sondern 20 Stühle tragen sollen? Oder ein Klavier in den zweiten Stock? Es ist an der Zeit, über Synergieeffekte zu sprechen.
Wenn durch das Zusammenspiel mehrerer Menschen in einem Team ein Mehrwert gegenüber ihrer addierten Einzelleistung entsteht, sprechen wir von positiven Synergieeffekten. Wenn durch das Zusammenspiel aber Nachteile entstehen, sprechen wir von negativen Synergieeffekten.
Im Folgenden möchte ich dir drei Gedankenspiele vorstellen, die dazu beitragen können, negative Synergieeffekte in deinem Team in positive Synergieeffekte zu verwandeln.

1. Alle wollen ihren Senf dazugeben. Oder: Warum Kommunikation ein Zeitfresser für Teamarbeit sein kann

Die Abbildung auf Seite 46 zeigt in vereinfachter Form, warum Teamarbeit immer komplexer wird, je mehr Menschen Teil des Teams sind. Wir könnten von einem exponentiellen Wachstum der Interaktionen sprechen. Das Wort „Interaktion" beschreibt hier die positiven wie negativen Aspekte der Zusammenarbeit zwischen zwei Menschen des gleichen Systems. Bei zwei Mitgliedern gibt es eine Interaktion, bei drei Mitgliedern drei, bei vier Teammitgliedern sechs. Erhöht sich die Personenanzahl im Team nur um ein einziges Mitglied, steigt die Anzahl der möglichen Interaktionen rapide. Bei zehn Teammitgliedern sind es schon 45 Interaktionen. Mein bisher größtes Kita-Team mit 33 Mitarbeitenden kommt auf die gigantische Anzahl von 528 Interaktionen.

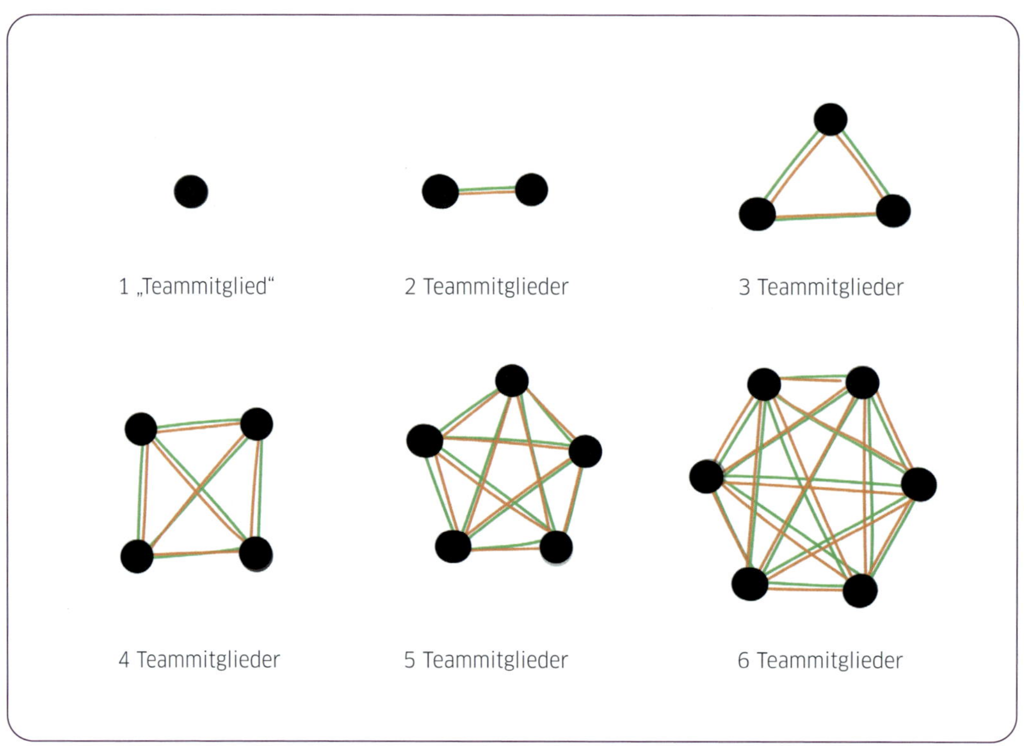

Die Anzahl der Zweier-Interaktionen erhöht sich sprungartig mit der Anzahl der Teammitglieder.

Um die Anzahl der Interaktionen zwischen zwei Menschen für dein Team auszurechnen, kannst du folgende Formel verwenden, wobei x die Anzahl der Teammitglieder ist:

Anzahl der Interaktionen = $x \cdot (x-1) : 2$

Bei 15 Teammitgliedern lautet die Rechnung beispielsweise: $15 \cdot 14 : 2 = 105$

Zweier-Interaktionen in deinem Team
Zeichne mit Bleistift einen dünnen, großen Kreis auf ein Blatt Papier. Auf der Kreislinie verteilst du gleichmäßig die Anzahl deiner Teammitglieder als schwarze Punkte. Verbinde nun die Punkte mit Linien in einer anderen Farbe.

Was bedeutet das konkret? Nehmen wir an, dass jedes Teammitglied über den Tag verteilt mit jedem anderen Teammitglied zehn Minuten redet. Das kostet jeden einzelnen Menschen in einem zehnköpfigen Team schon 90 Minuten Gesprächszeit. Insgesamt verbringen die Teammitglieder am Tag dann 900 Minuten, also 15 Stunden, mit Reden!

Natürlich ist diese Rechnung rein hypothetisch, zeigt aber z.B. das Risiko des sich Totquatschens großer Teams in Besprechungen: Wenn hier jede*r sprichwörtlich seinen*ihren Senf dazugeben möchte, kostet das ein großes Team einfach mehr Zeit als kleinere Teams.

Blitzveränderungs-Tipp
Diszipliniert euch in der Kommunikation. Das einzelne kurze Gespräch scheint nichts auszumachen, unterm Strich verliert ein Team aber enorm viel Zeit in Kommunikation. Das gilt für den schnellen fröhlichen Small Talk auf dem Flur genauso wie für die kurzen Redebeiträge in Teamsitzungen.

2. Zu viele Köchinnen und Köche verderben den Brei. Oder: Warum kleine Teams im Vergleich zu großen Teams effizienter zusammenarbeiten

In großen Gruppen steigt die Wahrscheinlichkeit, dass gute und wichtige Wortmeldungen untergehen. Es steigt auch das Risiko, dass laute und starke Rädelsführer*innen die Ergebnisse einer Abstimmung verfälschen, weil sich viele Personen gar nicht trauen, ihre Meinung offen kundzutun. Und es steigt die Wahrscheinlichkeit, dass Einzelne sich zurückhalten, weil sie glauben, das Ergebnis der Besprechung ohnehin nicht beeinflussen zu können.

Meistens beteiligen sich in großen Teams immer dieselben Leute an Diskussionen, während die anderen in einen passiven Dämmerzustand verfallen. Das liegt an verschiedenen Faktoren, z.B. Bequemlichkeit, Schüchternheit oder Desinteresse. Dieser Dämmerzustand ist verschwendete Lebensenergie und verschenktes Potenzial. Dieselben Leute erwachen in Kleingruppenarbeiten nämlich auf magische Weise aus ihrem Dornröschenschlaf und beteiligen sich, weil sie sich nicht mehr so gut hinter Leistungsträger*innen verstecken können.

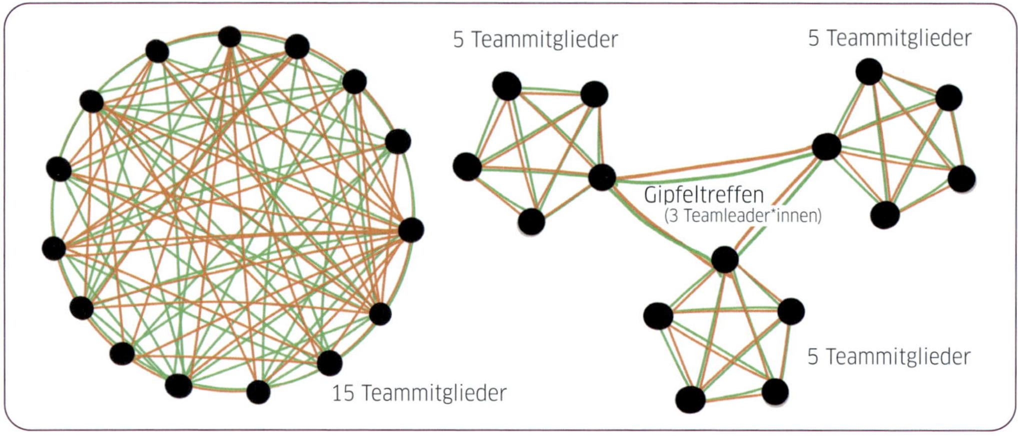

Mehrere kleine Teams arbeiten effizienter als ein großes Team.

Im Team mit 15 Mitgliedern herrscht Chaos in der Gruppendiskussion. Die stärksten, mutigsten, dreistesten und erfahrensten haben die beste Chance, sich durchzusetzen. Schüchterne, ruhige und höfliche Teammitglieder gehen dabei eher unter.
Eine Alternative ist, das große Team in drei kleine Teams aufzuteilen. In den drei Fünferteams kann jedes Teammitglied auf die Wortmeldungen jedes anderen Teammitglieds eingehen. Jede*r hat das Gefühl, gehört zu werden, und kann offen seine*ihre Meinung äußern. Die Meinung jedes*jeder Einzelnen zählt nicht nur ein Fünfzehntel (ca. 7 Prozent), sondern ein Fünftel (ca. 20 Prozent). Dadurch fühlt sich jedes einzelne Teammitglied selbstwirksamer in der Diskussion und die leiseren Meinungen werden besser gehört.
Um alle Mitarbeitenden über die Ergebnisse der Kleingruppenarbeit zu informieren, könnt ihr ein „Gipfeltreffen" der Teamleader*innen einrichten, bei dem jeweils die Ergebnisse der Kleinteams vorgestellt und weiter diskutiert werden.

Qualität der Interaktionen in deinem Team
Diese Übung hilft dir, Teamstrukturen besser zu verstehen und deine Mitarbeitenden besser miteinander zu kombinieren. Dabei geht es nicht um den reinen Arbeits- und Leistungsfaktor, sondern auch um Sympathie, Humor und Harmonie.
Zeichne mit Bleistift einen dünnen, großen Kreis auf ein Blatt Papier. Auf der Kreislinie verteilst du gleichmäßig die Anzahl deiner Teammitglieder als schwarze Punkte. Schreibe die Namen der Teammitglieder an die Punkte. Zeichne nun mit Linien in unterschiedlichen Farben die Qualität der Zusammenarbeit zwischen diesen Menschen ein:

- **Rot:** eher prozessverlangsamend, weil hauptsächlich private Gespräche oder negative Stimmungen
- **Grün:** eher prozessbeschleunigend, weil hauptsächlich zielführend, optimistisch und positiv
- **Gelb:** persönliche Differenzen

Die Verbindungslinien kannst du vielleicht nicht für jede mögliche Kombination von Personen einzeichnen. Aber für einige Teammitglieder passt das sicherlich. Versuche als Nächstes, mit Kombinationen von Paaren und/oder Dreiergruppen zu experimentieren, bis in deinem Team weniger rote und mehr grüne Beziehungen entstehen.

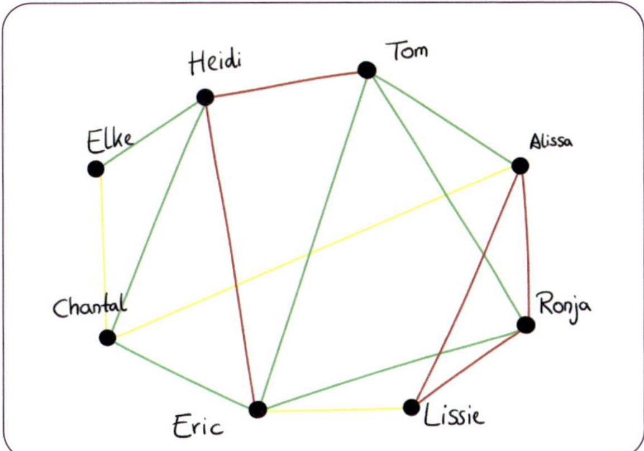

Die unterschiedlichen Farben stehen für die jeweilige Qualität der Beziehung im Team.

3. Wenn zwei sich einen abrackern, freut sich der*die Dritte. Oder: Warum Trittbrettfahrer*Innen und Trottel*Innen immer nur im Tandem auftauchen

Die Debatte, ob ein Team leistungsfähiger ist, als die Summe seiner Einzelleistungen vermuten ließe, ist inzwischen 140 Jahre alt. In den 1880er-Jahren ließ der Agrarökonom Max Ringelmann einen Karren mit Gewichten beladen und von Arbeitern ziehen. Die durchschnittliche Einzelleistung eines Arbeiters definierte er als 100 Prozent. Sein Hintergedanke: Zwei Arbeiter müssten rein rechnerisch 200 Prozent Leistung erbringen, drei Arbeiter 300 Prozent und so weiter. Vielleicht ließe sich die Leistung der Arbeiter sogar steigern, wenn sie sich gegenseitig motivierten? Leider fand Ringelmann heraus, dass das Gegenteil der Fall war. Die Leistung in der Arbeitsgruppe fiel rasant ab.

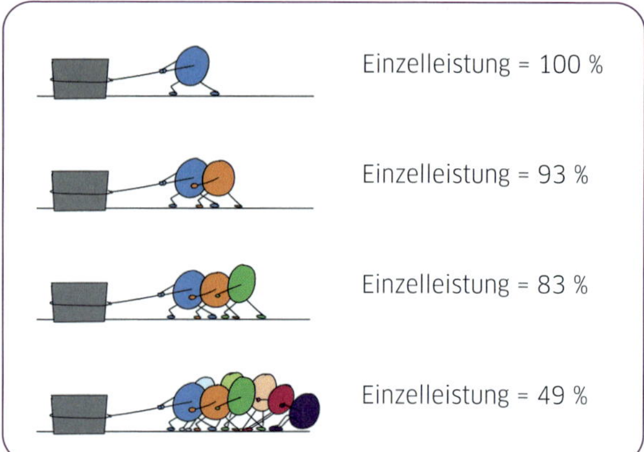

Der Ringelmann-Effekt: je größer die Gruppe, desto geringer die Einzelleistung.

Schon in einer achtköpfigen Gruppe hatte sich die Einzelleistung jedes einzelnen Teammitglieds halbiert. Sehr provokativ ausgedrückt: Acht Teamplayer*innen arbeiten genauso effizient wie vier Einzelkämpfer*innen. Die Prozessverluste sind dabei beträchtlich. In den letzten Jahrzehnten haben Wissenschaftler*innen verschiedene psychologische Phänomene für den sogenannten Ringelmann-Effekt verantwortlich gemacht[6]:

1. **Koordinationsverlust:** Stelle dir vor, ihr habt auf dem Außengelände ein stabiles Planschbecken mit Wasser gefüllt. Die Sonne ist weitergewandert und ihr müsst das Planschbecken ein paar Meter tragen. Fünf Personen packen zusammen an, denn das Becken ist schwer. Eure gemeinsame Kraft wird nun locker ausreichen, um die Last zu stemmen, aber es erfordert eine enorme Abstimmung und eine hohe Konzentration, um niemandem auf die Füße zu treten, nicht zu stolpern und kein Wasser überschwappen zu lassen.

2. **Soziales Faulenzen:** Stelle dir vor, nach eurer Teamfortbildung im Gruppenraum geht es ans Aufräumen. Sicherlich werden die meisten kräftig mit anpacken, andere werden sich eher zurücklehnen, langsamer arbeiten und zuschauen. Manch eine*r wird sich sogar davonschleichen, ganz nach dem Motto: Toll, ein*e andere*r macht's! Das soziale Faulenzen kommt nur dann vor, wenn die Leistung eines*einer Einzelnen nicht unmittelbar sichtbar wird und nicht lobend hervorgehoben wird. Man kann es im Sport z. B. beim Rudern oder Tauziehen beobachten: Die Sportler*innen setzen weniger Kraft ein, weil sie unbewusst glauben, dass ihre individuelle Leistung in der Gruppe ohnehin untergehen wird.

[6] Ingham u. a. 1974, S. 371–384.

3. Sozialer Stress: Man hat festgestellt, dass Menschen dazu neigen, anders zu arbeiten, wenn sie sich von anderen Menschen beobachtet fühlen. Bei einfachen Aufgaben entsteht dabei soziale Erleichterung. Dabei vollbringen Menschen bessere Leistungen. Bei schwereren Aufgaben entsteht sozialer Stress, der unsere Leistung mindert. Ob eine Aufgabe einfach oder schwer ist, ist für jeden Menschen verschieden. So empfindet z. B. Erzieher Riko immensen sozialen Stress, wenn er vor einer Gruppe Menschen sprechen muss. Erzieherin Greta hingegen empfindet bei dieser Aufgabe eher soziale Erleichterung und kann über den Zuschauer-Kick auf der Bühne performen wie ein Superstar.

4. Trittbrettfahrer-Effekt: Er tritt auf, wenn einzelne Gruppenmitglieder bewusst weniger Energie aufbringen, weil sie davon ausgehen, dass andere sie schon mitziehen werden. Stelle dir vor, nach dem Elternabend ist eure Spülmaschine kaputt und ihr spült und trocknet die Kaffeetassen per Hand. Trittbrettfahrerin Silke trocknet betont langsam ihre Tassen ab, sodass sie im Vergleich zu den anderen höchstens die Hälfte der Arbeit erledigt.

5. Trottel-Effekt: In der gleichen Spülküche beobachtet Kollegin Celina, wie langsam Silke arbeitet. Wie frech! Wie unverschämt! Celina ärgert sich, wird trotzig und denkt sich: „Ich bin hier doch nicht der Trottel, der alles allein abtrocknet!“ Also arbeitet sie nun ebenfalls langsamer. Der Trottel-Effekt tritt also immer nur in Verbindung mit dem Trittbrettfahrer-Effekt auf.

Gegen diese Phänomene hilft es in erster Linie, sie zu erkennen, zu verstehen und bestenfalls zu benennen. Ganz allgemein gilt auch: Je besser die Teamgröße an die Aufgabe angepasst ist, desto seltener treten negative Synergieeffekte auf.

Negative Synergieeffekte im Team vermeiden

- Lasse eher in zu kleinen als in zu großen Teams arbeiten.
- Vermeide Teamkonstellationen, in denen alle Menschen die gleichen Fähigkeiten oder Meinungen haben.
- Hebe Einzelleistungen hervor, sodass niemand in der Masse untergeht.
- Schaffe Situationen, in denen sich unterschiedliche Meinungen und Erfahrungen auszahlen.
- Mische Teams regelmäßig neu, damit aus gewitzten Bremer Stadtmusikant*innen keine schwerfälligen Gewohnheitstiere werden.
- Lasse deine Mitarbeitenden in anderen Teams hospitieren.
- Sprich regelmäßig im Team über Rolle*innen und Aufgaben.

UMGANG MIT FAULENZER*INNEN UND DRÜCKEBERGER*INNEN

Viele Situationen im Team sind besonders anfällig dafür, dass sich negative Synergieeffekte einschleichen. Dazu zählen vor allem das soziale Faulenzen und der Trittbrettfahrer-Effekt. Wenn diese Phänomene immer wieder auftreten, können sich gewisse Gewohnheiten etablieren und einzelne Teammitglieder in Muster verfallen - oder Muster aus ihrer bisherigen Vergangenheit deutlicher ans Tageslicht treten. Wir sprechen dann von wahren Faulenzertypen.

Die schönste Definition von Faulenzertypen stammt aus dem Buch von Dietrich von der Oelsnitz und Michael W. Busch „TEAM - Toll, ein anderer macht's"[7]. Die Autoren unterscheiden darin acht Faulenzertypen.

Zuspätkommer*innen und Zufrühgeher*innen
Joviale Müßiggänger*innen
Operative Hektiker*innen
Phlegmatische Bremser*innen
Schnorrer*innen
Blendende Abstauber*innen
Alphatiere
Böswillige Blutsauger*innen

Von oben (grün) nach unten (lila) wird ihr Verhalten immer teamschädigender, gleichzeitig immer berechnender und bewusster. Im Folgenden stelle ich dir frei nach diesen Typen acht besondere Mitarbeitende der **Faultier-Kita** vor.

Elif ist eine **Zuspätkommerin und Zufrühgeherin.**
Wie verhält sie sich? Sie schafft es auf wundersame Weise, ihre Arbeitszeit zu verkürzen, indem sie einfach nicht anwesend ist. Elif steht quasi immer im Stau und kommt 15 Minuten zu spät. Weil sie ihre Tochter aus der OGS abholen muss, geht sie regelmäßig 15 Minuten zu früh. Trotzdem schreibt sie ihre gewöhnliche Arbeitszeit auf.

[7] von der Oelsnitz/Busch 2014, S. 20.

Warum ist das schädlich? Die paar Minuten sind doch nicht so schlimm? Auf den Tag gerechnet, ist das eine halbe Stunde, auf die Arbeitswoche sogar 2,5 Stunden! Das stößt auch den übrigen Kolleg*innen eines Tages übel auf.
Was kannst du tun? Keinesfalls darf Zuspätkommen nur mit „Ist schon okay ..." abgetan werden. Pünktlichkeit zeigt, dass alle ihren Job und die Verabredungen des Teams ernst nehmen. Daher solltest du das Verhalten der Kollegin ansprechen. Vereinbart Regeln und klare Konsequenzen.

Sonja ist eine **joviale Müßiggängerin**.
Wie verhält sie sich? Sie steht einfach mal gerne in der Kaffeeküche und schwatzt mit den Kolleg*innen. Sie lässt sich auch am Telefon Zeit, wenn Eltern anrufen, die sie gern mag, und ist die Erste, die dir mit einem Rezept für Kürbissuppe aushelfen kann.
Warum ist das schädlich? Ist doch toll, so eine freundliche Teamplayerin? Bis zu einem gewissen Grad, ja! Und doch kippt der Mehrwert jovialer Müßiggänger*innen eines Tages, wenn sie sich selbst und andere von der Arbeit abhalten und dadurch zusätzlichen Stress im Team verursachen.
Was kannst du tun? Ein kleiner Perspektivwechsel erinnert den*die Müßiggänger*in daran, dass sein*ihr Verhalten zwar bequem, aber nicht unbedingt attraktiv oder gar teamfördernd ist. Der kleine Tritt in den Hintern hilft ihm*ihr, sich zu bemühen und die Vorzüge von guter Teamarbeit zu erkennen.

Tim ist ein **operativer Hektiker**.
Wie verhält er sich? Er versteht sich darauf, immer mindestens drei Sachen gleichzeitig zu machen und alle darüber zu informieren, wie gestresst er ist. Er sitzt mit einem schreienden Kind an der Hand am PC, um noch eine Laternenbastelanleitung auszudrucken. Dabei telefoniert er mit einer Mutter und ermahnt auf dem Weg zum Drucker zwei Kinder, gefälligst leiser zu spielen.
Warum ist das schädlich? Leider bringt der*die Hektiker*in trotz einer zur Schau getragenen Geschäftigkeit die wenigsten Projekte zu einem gelungenen Abschluss. Ein*e einzelne*r Hektiker*in kann das gesamte Team in Aufregung und Stress versetzen. Seine*ihre Arbeitsweise steckt die einen an, die anderen regen sich auf, wieder andere müssen die Suppe auslöffeln, die er*sie sich und anderen eingebrockt hat.

Was kannst du tun? Eine*n Hektiker*in solltest du behutsam darauf aufmerksam machen, dass er*sie nicht danach bewertet wird, wie viele Bälle er*sie gleichzeitig in der Luft hält. Es geht nicht darum, beschäftigt zu wirken, sondern Aufgaben abzuschließen. Hektiker*innen brauchen oft eine große Portion Anerkennung und Wertschätzung.

Olaf ist ein **phlegmatischer Bremser**.

Wie verhält er sich? Durch seine stoische Gelassenheit und Ruhe drosselt er das Arbeitstempo der Menschen in seinem Umfeld. Er äußert sich abfällig gegenüber Kolleg*innen, die seiner Ansicht nach einen übertriebenen Arbeitseifer an den Tag legen, und macht sich über allzu ambitionierte Vorschläge in Teamsitzungen lustig.

Warum ist das schädlich? So eine*n gibt es in jedem Team? Wenn der*die in Rente geht, sind wir ihn*sie los? Obacht, denn oft rotten sich Bremser*innen in Interessengemeinschaften zusammen und predigen mit lähmender Gemütsruhe Sätze wie „Das haben wir doch noch nie so gemacht!“ oder „Das können wir auch noch nach den Sommerferien besprechen!“. Ist erst einmal ein zähflüssiges Klima von Aufschieberitis und Verdrängungstaktiken hergestellt, hast du es als Teamleitung ungeheuer schwer, es wieder zu durchbrechen.

Was kannst du tun? Wenn es einmal so weit ist, hilft nur noch, Bremser*innen von Bremser*innen zu trennen und mit denjenigen im Team zusammenzuführen, die noch Elan und Tempo aufbringen können. Dabei hilft es, die Engagierten vorab einzuweihen und sie einzuschwören, sich nicht von der Bremsermentalität übermannen zu lassen.

Aurelie ist eine **Schnorrerin**.

Wie verhält sie sich? Das geschieht nach dem Schneewittchen-Prinzip: von jedem Tellerchen einen kleinen Bissen. Ganz konkret: Aurelie borgt sich von Kollegin Inge ständig die Gummistiefel, von Katrin lässt sie sich nach der Arbeit nach Hause fahren, von der Praktikantin einen Kaffee machen. So fällt ihr Schmarotzertum kaum auf, denn keine*r der Kolleg*innen nimmt zunächst daran Anstoß.

Warum ist das schädlich? Schnorrer*innen sind Profispieler*innen, die viele Taktiken beherrschen, um gezielt weniger zu arbeiten als andere: Einschmeicheln, Flirten, Mitleid erregen, Einschüchtern, falsche Versprechungen, vermeintliche Tauschgeschäfte usw. Einige Teammitglieder brauchen sehr lange, um eine*n Schnorrer*in zu durchschauen.

Was kannst du tun? Bevor du den*die Schnorrer*in ansprichst, solltest du ihn*sie eine Weile beobachten, bis du handfeste Beweise hast. Dann gilt es, sein*ihr Verhalten scharf zu verurteilen und klarzumachen, dass Teamarbeit bei euch so nicht funktioniert. Es gibt noch eine weitere Möglichkeit, um beim Märchenbeispiel zu bleiben: Nicht nur mit Schneewittchen schimpfen, sondern auch die sieben Zwerge empowern, sich gegen den*die Schnorrer*in zur Wehr zu setzen. Dabei hilft es enorm, geliebte Routinen zu durchbrechen. Kollegin Inge vergisst ihre Gummistiefel, Katrin fällt ein, dass sie nach der Arbeit in eine ganz andere Richtung fährt, und die Praktikantin trinkt aufgrund einer Gesundheits-Challenge eine Woche lang selbst keinen Kaffee.

Tujana ist eine **blendende Abstauberin**.

Wie verhält sie sich? Ähnlich wie der*die Schnorrer*in profitiert sie davon, dass andere ihre Arbeit erledigen. Aber sie legt noch eine Schippe drauf und schmückt sich dabei mit fremden Federn. Mit Geschick stellt sie die Leistung anderer als ihre eigene dar. Dabei ist ihr eine positive und glorreiche Außenwirkung äußerst wichtig.

Warum ist das schädlich? Im Team führt das zu einem krassen Vertrauenseinbruch. Wer einmal die Erfahrung gemacht hat, dass eigene Ideen niedergemacht werden, nur um zwei Tage später von einer anderen Person lauter hervorgebracht zu werden, behält die nächsten Ideen für sich. Blender*innen schaffen es, lange Zeit unentdeckt zu bleiben. Oft werden sie von der Leitung noch in höchsten Tönen gelobt, obwohl einzelne Teammitglieder sie schon durchschaut haben.

Was kannst du tun? Wenn du als Teamleitung eine*n Blender*in entlarven möchtest, höre auf die übrigen Teammitglieder. Da der*die Blender*in sich vorrangig auf die Teamleitung konzentriert, bröckelt seine*ihre Tarnung als Erstes in den eigenen Linien. Wenn dir immer wieder zugetragen wird, dass Kollegin Tujana eine geschickte und intrigante Faulenzerin ist, solltest du hellhörig werden. Auch wenn du die Kollegin sehr schätzt und ihre Arbeitsergebnisse für sich sprechen, kann es sein, dass du einer Täuschung unterliegst. Denke dir den Goldstaub und den Glitzer weg und versuche, die Blenderin auf frischer Tat zu ertappen, um sie zu entlarven.

Henning ist ein **Alphatier**.
Wie verhält er sich? Als stellvertretende Leitung hat er eine gewisse Machtposition in der Kita, die er gerne nutzt, um seine Ideen zu verwirklichen. Weil er so viele tolle Ideen hat, hat sich ein großer Kreis Verehrer*innen um ihn gebildet, die geradezu darum betteln, eine Aufgabe von ihm entgegenzunehmen. Vielleicht trägt sein Charisma dazu bei, dass die meisten Außenstehenden bei wichtigen Entscheidungen eher ihn ansprechen als die erste Leitung.
Warum ist das schädlich? Alphatiere, die ihre Motivationsmacht weise und fair einsetzen, können gut für ein Team sein. Das setzt voraus, dass sie demokratisch gewählt werden und dass ihre Position für alle Teammitglieder transparent ist. Leider arbeiten Alphatiere oft mit eigenen Moralvorstellungen und verfolgen eigene, meist undurchsichtige Ziele. Sie sehen sich als König*in und den Rest des Teams als Hofstaat. Schon bei Kindern kennen wir dieses Verhalten, wenn kleine Prinzessinnen oder Prinzen zu anderen Kindern sagen: „Wenn du auf meinen Geburtstag kommen möchtest, dann musst du dies oder das für mich machen!“
Was kannst du tun? Alphatiere sind schwer zu bearbeiten. Wenn es dir gelingt, das Alphatier auf deine Seite zu ziehen und seine Motivationsmacht für ein moralisch vertretbares Ziel einzusetzen, ist das sicherlich der Königsweg. Auch kann es dir helfen, dem Alphatier ganz bewusst ein Territorium zuzuordnen, um es in dem Glauben zu lassen, dass es dort der dickste Hecht im Karpfenteich ist. Das eigentliche Territorium bleibt unter deiner Herrschaft. Und schließlich ist die letzte, aber auch gefährlichste Möglichkeit, die Teammitglieder zu entzaubern: Du nimmst sie dir einzeln vor und erklärst ihnen, dass sie einem Alphatier auf den Leim gegangen sind. Ob das gut geht, hängt sehr von deinen eigenen Alphatierqualitäten im Team ab.

Bärbel ist eine **böswillige Blutsaugerin**.
Wie verhält sie sich? Als Praxisanleiterin bekommt sie regelmäßig neue Praktikant*innen. Sie hat eine ausgesprochen geschickte Art, zu kommunizieren, und setzt komplett auf das Appellohr der jungen Praktikant*innen. Sie sagt Dinge wie: „Jemand müsste mal das Fenster schließen!“ oder „Das Telefon klingelt!“ Dabei lässt sie sich nie etwas zuschulden kommen, denn selbst wenn jemand ein Tonband mitlaufen lassen würde, könnte man ihr keine Ausnutzermentalität nachweisen. Die Praktikant*innen, die in Bärbels Gruppe arbeiten, sind nach einem halben Jahr wie Diener*innen – und lesen ihr jeden Wunsch von den Lippen ab. Dabei schafft es Bärbel, nach außen den Schein der fürsorglichen Praxisanleiterin zu wahren.

Warum ist das schädlich? Blutsauger*innen heften sich systematisch an einzelne Kolleg*innen und saugen ihnen wie ein Parasit die Energie ab. Dabei wenden sie die Taktiken aller vorangegangenen Faulenzertypen gleichzeitig an, lügen, ohne ohne rot zu werden, und treten Moral und Teamgeist mit Füßen. Wenn die ausgesaugten Kolleg*innen nicht mehr zweckdienlich sind, pirschen die Blutsauger*innen sich an das nächste Opfer heran. Manche Blutsauger*innen werden aggressiver und nutzen die Schwachstellen oder pikante Geheimnisse ihrer Kolleg*innen, um sie systematisch unter Druck zu setzen oder zu erpressen.
Was kannst du tun? Da wir bei der heftigsten und rücksichtslosesten Form der Faulenzertypen angelangt sind, benötigen wir die effektivste Möglichkeit, sie zu bekämpfen: Ein*e Blutsauger*in hat im Team nichts verloren. Wie eine Zecke sollte er*sie rasch entfernt werden. Wie eine Zecke, die ungeschickt gezogen wird, kann er*sie jedoch sogar noch im Abgang Schaden anrichten, deshalb sollte auch das frühere Umfeld des*der Betreffenden noch über einen längeren Zeitraum beobachtet und betreut werden.

Achtung!
Die Beschäftigung mit Faulenzertypen hilft dir, dein Team gegen **Bedrohungen von innen** zu stärken. Natürlich sind die Faulenzertypen Extrembeispiele. Aber wir müssen uns von der Illusion verabschieden, dass in pädagogischen Teams nur fleißige und motivierte Menschen arbeiten. Auch in Zeiten des Fachkräftemangels solltest du keine Samthandschuhe tragen, sondern Einzelne im Team auf ihr Fehlverhalten oder ihre schlechte Arbeitsmoral ansprechen. Wenn ihr euch von Faulenzertypen alles gefallen lasst, dauert es nicht lange, bis die ersten Leistungs- und Sympathieträger*innen dem Team den Rücken kehren.

ROLLENVERTEILUNG MIT DEM TEAMROLLEN-DREIECK

Um die Strukturen in deinem Team zu verbessern, ist es hilfreich, sich mit unterschiedlichen Teamrollen zu beschäftigen. Der Begriff „Teamrolle“ beschreibt eine Funktion bzw. Stellung, die ein Teammitglied in der Mehrheit aller Situationen einnimmt. Es gibt eher führende und eher ausführende Rollen, eher konservative und eher innovative Rollen, eher kommunikative und eher introvertierte Rollen. So eine Rollenverteilung findet man in Kitas, aber auch in allen anderen Arbeitswelten.

Wenn man sich nicht nur eine Kita, sondern beispielsweise 100 Kitas anschaut, wird deutlich, dass die Rollen von Team zu Team ähnlich verteilt sind. Deshalb geben viele Modelle, die sich mit Teamrollen beschäftigen, den Teamrollen Namen. So nimmt dann z. B. ein Mensch, der kreative, innovative und kommunikative Elemente in sich vereint, die Rolle des Erfindenden ein. Diese Modelle sind äußerst hilfreich, verleiten allerdings dazu, Teamrollen zu statisch zu sehen. Meiner Meinung nach sind Teamrollen immer dynamisch, immer flexibel und immer veränderlich. Deshalb habe ich für meine Trainings das Teamrollen-Dreieck entwickelt. Es beschreibt drei Bereiche, die die Arbeit aller Teammitglieder und deren Rolle bestimmen:

- was sie gerne tun (Interessen, Ziele)
- was sie gut tun (Fähigkeiten, Kompetenzen)
- was im Team getan werden muss (Pflichten, Aufgaben)

Daraus leiten sich keine namentlich festgelegten Rollen ab, sondern differenzierte Rollenbeschreibungen, die z. B. für Mitarbeitergespräche und die Personalentwicklung äußerst wertvoll sind.

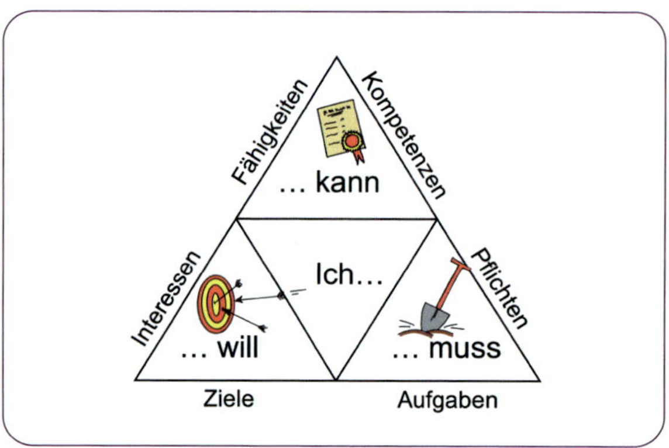

Das Teamrollen-Dreieck beschreibt drei Bereiche, die die Arbeit aller Teammitglieder und deren Rolle bestimmen.

Gehen wir die drei Bereiche anhand einer fiktiven Stellenausschreibung durch:

- **MUSS** – Wir suchen einen Menschen, der in unserem Team folgende Aufgaben und Pflichten übernimmt: mit Kindern spielen, singen, lachen, toben und essen. Dieser Mensch muss außerdem Elterngespräche führen, Putzdienste übernehmen, Dokumentationen schreiben und an Teamsitzungen teilnehmen. Wir erwarten, dass er sich ins Team integriert und einen guten Job macht.
- **KANN** – Dieser Mensch sollte folgende Fähigkeiten und Kompetenzen mitbringen: Er sollte kinderlieb und begeisterungsfähig sein, außerdem teamfähig, frustrationstolerant, fehlerfreundlich und kommunikativ.
- **WILL** – Dieser Mensch sollte natürlich interessiert sein, junge Menschen auf den ersten Schritten ihres Lebenswegs zu begleiten, zu unterstützen und zu fördern. Sein oberstes Ziel sollte eine fröhliche und geborgene Atmosphäre für die Kinder sein. Natürlich sollte dieser Mensch auch motiviert sein, im Team alles zu geben und die Gemeinschaft auf ein neues Level zu heben.

Ganz unter uns: Sollten wirklich alle diese abgefragten Eigenschaften auf einen Menschen zutreffen, dann stelle ihn direkt unbefristet ein! Es ist unwahrscheinlich, dass ein Mensch die perfekte Kombination aus den Kann-, Will-, Muss-Faktoren mitbringt. Genau deshalb gibt es Teamrollen. Damit ihr euch gegenseitig ergänzen und aus vielen Puzzlestücken gemeinsam ein Gesamtbild entstehen lassen könnt.

Tristans Teamrollen-Dreieck

Tristan ist neu in der Kita „Löwenmäulchen". Er ist Erzieher geworden, weil er die Arbeit mit Kindern liebt und selbst keine leichte Kindheit hatte (**WILL**). Er kommt mit den Kindern hervorragend klar, aber er ist eher still und schüchtern. In der Kita dominieren die mittelalten, quirligen Erzieherinnen. Mittlerweile kann er in Teamsitzungen seine Meinung besser mitteilen (**KANN**). Trotzdem ist er noch nicht bei seinen Traumaufgaben angekommen. Er ist als dritte Kraft in der U3-Gruppe eingeteilt und macht dort die Mädchen-für-alles-Aufgaben (**MUSS**). Mit Chefin Anastasia bespricht er all das beim Mitarbeitergespräch. Sie skizzieren die Ergebnisse im Teamrollen-Dreieck. Das gibt Tristan Sicherheit, weil er unterscheiden kann, was seine Pflichten sind, welche Fähigkeiten er hat und welche er weiterentwickeln kann. Und weil er nun weiß, dass seine Chefin seine Pflichten gemäß seinen Vorlieben auswählen und seine Fähigkeiten entsprechend fördern wird.

Jede Teamrolle definiert sich immer aus einem Kräftegleichgewicht der drei Faktoren Kann – Will – Muss. Wenn ein Mensch im Team mehr will, als er kann, wird er aus dem Gleichgewicht geraten und unglücklich werden. Wenn ein Mensch mehr kann, als er muss, wird er unterfordert sein und ebenfalls unglücklich und unproduktiv werden. Wenn ein Mensch mehr muss, als er kann, wird er überfordert sein. Tut eine Person aber genau das, was sie von Herzen gern macht und wofür sie die nötigen Fähigkeiten mitbringt, geht es ihr im Team gut und sie arbeitet produktiv. Dieses Gleichgewicht gilt es für alle Mitarbeitenden zu finden. Dabei können in der Theorie Teamrollen entstehen, die für immer bleiben, wie sie sind. Das würde aber voraussetzen, dass ein einzelner Mensch sich nicht verändert und auch die Welt um ihn herum unbeweglich bleibt. Praktisch bleibt deshalb eine Teamrolle immer dynamisch und flexibel. Warum?

- Menschen können ihre Fähigkeiten trainieren, also verbessern und ausbauen. Dadurch verschiebt sich das Kräftegleichgewicht im Teamrollen-Dreieck (**KANN**).
- Die Vorlieben und Interessen eines Menschen können sich verändern. Er nimmt dadurch ganz andere Ziele ins Visier (**WILL**).
- Die Pflichten und Aufgaben eines Menschen können sich (z. B. durch äußere Umstände oder durch Verschiebungen im Team) verändern (**MUSS**).

Achtung!
Ich habe schon oft mit Teams gearbeitet, die Mitarbeitende verloren haben, weil ihnen für neue Fähigkeiten und Interessen keine neuen Aufgaben geboten werden konnten. Diese Mitarbeitenden haben sich entsprechend umorientiert. In Zeiten des Fachkräftemangels gilt es, jedem fähigen Teammitglied eine Plattform zu bieten, auf der es seine Kompetenzen perfekt einsetzen und seine individuellen Ziele erreichen kann.

Wie kannst du das Teamrollen-Dreieck nun in deinem Team einsetzen? Schaue dir mithilfe der folgenden Checkliste die drei verschiedenen Bereiche an. Dies hilft dir, wichtige Veränderungen anzustoßen.

Das Teamrollen-Dreieck anwenden

So förderst du die Fähigkeiten und Kompetenzen (KANN)

- Biete Mitarbeitenden an, Fort- und Weiterbildungen zu besuchen.
- Etabliere eine Viertelstunde fachlichen Input in jeder Teamsitzung.
- Biete kollegiale Fallberatung, fachlichen Austausch und Fragestunden an.
- Lasse die Mitarbeitenden eine Kita-Bibliothek mit Fachliteratur anlegen.
- Erlaube deinen Mitarbeitenden, Fehler zu machen und zu scheitern.

So förderst du die Interessen (WILL)

- Frage Mitarbeitende nach ihren Zielen und Wünschen.
- Lasse Mitarbeitende erzählen, wo sie in fünf bis zehn Jahren stehen wollen.
- Sprich mit Mitarbeitenden über ihre Lieblingstätigkeiten im Job.
- Lasse Mitarbeitenden den Freiraum, Neues auszuprobieren.
- Ermutige Mitarbeitende zur Hospitation in Modell-Kitas.

So schaffst du Klarheit über Aufgaben und Pflichten (MUSS)

- Erstelle eine Stellenbeschreibung für jedes Teammitglied.
- Lasse alle Mitarbeitenden Steckbriefe über ihre täglichen Aufgaben anlegen (siehe S. 66 f.).
- Mache mit deinem Team die Übung „Die Tauschbörse“ (siehe S. 62).

Das **WWWiesel** hat dir eine Vorlage für Mitarbeitergespräche auf Basis des Teamrollen-Dreiecks im Online-Bereich versteckt.

Die Tauschbörse
Diese Übung hilft Teammitgliedern, sich über ihre ganz persönlichen Vorlieben bei ihren Aufgaben klarzuwerden. Sie ist gut geeignet für Konzeptionstage.

Schritt 1: Lasse alle Mitarbeitenden eine detaillierte Liste ihrer täglichen Aufgaben anlegen. Anschließend sollen sie die Aufgaben nach folgenden Kategorien bewerten:

+ + (mache ich supergerne)
+ (mache ich gerne)
0 (neutral)
- (mache ich ungern)
- - (mache ich superungern)

Schritt 2: Lasse lockere Wohlfühlmusik laufen und bitte deine Kolleg*innen, durch den Raum zu gehen und sich mit jeder anderen Person im Raum einmal zu treffen. Ziel ist es dabei, mit den Kolleg*innen Aufgaben so zu tauschen, dass beide Seiten davon profitieren. Eine 63-jährige Kollegin, die keine Kinder mehr auf den Wickeltisch heben möchte, tauscht diese Tätigkeit also z. B. mit einer jungen Kollegin, die keine schwierigen Elterngespräche führen möchte. Beide Seiten profitieren davon.

Vielen Menschen gibt es Sicherheit, sich in einer bestimmten Rolle einzurichten. Im Team verleitet eine statische Besetzung von Teamrollen jedoch dazu, im eigenen Saft zu schmoren und nicht mehr über den Tellerrand zu schauen. Die statische Rolle der*des Erfindenden beispielsweise verleitet dazu, immer nur kreative Ideen zu äußern und sich ansonsten aus der Umsetzung und Planung herauszuhalten. Die statische Rolle der*des Beobachtenden verleitet dazu, selbst nicht aktiv zu werden und keine Verantwortung für Fortschritt und Innovation zu übernehmen.
Deshalb solltest du dir noch einmal bewusst machen, dass es gut ist, die Arbeit mit dem Teamrollen-Dreieck als einen **offenen, dynamischen und tagesaktuellen Prozess** zu sehen. Menschen ändern sich. Vorlieben und Fähigkeiten ändern sich. Deshalb wird sich eine Teamrolle mit der Zeit ändern. Im Team sollten alle für die Veränderungen gewappnet sein. Das heißt also, wenn Erzieher Tristan aus dem Fallbeispiel mit den Jahren selbstbewusster auftritt, sich emanzipiert und keine Mädchen-für-alles-Rolle mehr einnehmen möchte, sollte das Team diese Entwicklung mittragen. Die Aufgaben werden neu verteilt. Dadurch werden sich wiederum viele andere Rollen verändern.

KITA-LEITBILD, TEAMREGELN UND STECKBRIEFE

Vor lauter Stress sieht man im Team häufig den Wald vor lauter Bäumen nicht mehr. Zwischendurch solltet ihr deshalb immer mal wieder überprüfen, ob ihr noch auf dem richtigen Weg seid. Dabei können euch die Antworten auf die folgenden drei magischen Fragen zum Warum, Wie und Was helfen:

- Warum machen wir täglich diesen anstrengenden Job?
- Wie kriegen wir das als starkes Team auf die Reihe?
- Was trägt jede*r Einzelne aktiv dazu bei?

1. Warum machen wir täglich diesen anstrengenden Job? Euer Kita-Leitbild

Ein Leitbild übernimmt in deinem Team die Rolle des Fixsterns, der die Schiffe auch in dunklen Nächten sicher übers stürmische Meer führt. Mit einem Leitbild klärt ihr im Team, wofür ihr mit eurer Kita stehen wollt und welchen Auftrag ihr euch gebt. Ihr kommuniziert nach außen: Das sind unsere Ziele, unsere Wünsche, unsere Werte, unsere Überzeugungen.

Ein Leitbild soll Mitarbeitende einer Kita motivieren und das Image der Einrichtung nach außen und innen verbessern. Ein Leitbild könnt ihr bei Elternabenden oder in Vorstellungsgesprächen präsentieren und so in wenigen Sätzen das Wichtigste über eure Philosophie und Arbeitsweise sagen. Wie ein Leitbild aussehen könnte, zeigt die Abbildung.

Ein Kita-Leitbild kommuniziert Ziele, Wünsche, Werte und Überzeugungen.

Mit einem Leitbild ...

- ... signalisiert ihr nach außen: Wir haben uns Gedanken um unser pädagogisches Konzept gemacht und stehen zu unserer Arbeitsweise.
- ... signalisiert ihr nach innen: Was wir tun, hat eine Außenwirkung. Unsere Arbeit bleibt nicht im Verborgenen. Wir können mit dem, was wir tun, Anerkennung, aber auch Kritik auslösen.

Seid grafisch kreativ und sucht nach einer passenden Symbolik für euer Leitbild. Ich empfehle dabei, eine hemmungslose Kreativwerkstatt zu veranstalten, in der ihr mit allen euch zur Verfügung stehenden Materialien experimentiert. Mit Markern, Kreide, Stiften, Kärtchen und Kleber entstehen in Windeseile sehr viel bessere Ideen, als wenn ihr erst theoretisch vor euch hin diskutiert. Für Leitbilder gibt es zahlreiche visuelle Beispiele im Internet. Die besten Ratgeber können auch eure Kund*innen sein. Vielleicht veranstaltet ihr einen kleinen Malwettbewerb für Kinder und Eltern und lasst euch von den Bildern inspirieren?

Zwölf Fragen, die euch bei der Erstellung eures Leitbilds inspirieren können

- Welchen Zweck erfüllt unsere Arbeit?
- Welche Visionen und Zukunftsvorstellungen haben wir?
- Was motiviert uns tagtäglich aufs Neue?
- Welche Außenwirkung möchten wir erreichen?
- Wofür stehen wir?
- Wie sieht die Welt aus, die wir mitgestalten?
- Was ist unser Alleinstellungsmerkmal?
- Warum sind wir davon überzeugt, gute Arbeit zu leisten?
- Was wünschen wir den Kindern, die in unsere Einrichtung kommen?
- Was sollen Kinder können, wenn sie unsere Einrichtung verlassen?
- Was ist das größte Geschenk, das wir Kindern mit auf den Weg geben?
- Was würde uns am meisten Freude machen, wenn wir selbst noch einmal als Kind in unsere Kita gehen könnten?

Achtung!
Ein *Leit*-Bild, das ohne Beteiligung des Teams vom Träger oder dem* der Chef*in erarbeitet wurde und in allen möglichen und unmöglichen Situationen zitiert oder auf die Tagesordnung gehievt wird, ist für die Mitarbeitenden eher ein *Leid*-Bild. Der gewünschte Effekt bleibt aus. Nimm daher alle Mitarbeitenden mit auf die Reise zu einem neuen Leitbild. Beratschlagt, visualisiert und realisiert die Bilder gemeinsam.

2. Wie kriegen wir das als starkes Team auf die Reihe? Dein Teamvertrag

Um das Wie zu klären, tut es vielen Teams gut, Grundsätze in Form von Teamregeln festzuhalten. Eine hilfreiche Herangehensweise ist die 3-5-7-Technik. Bei dieser Methode wird jedes einzelne Teammitglied eingebunden und hat die Gelegenheit, seine Ideen einzubringen, zu verteidigen und zu gewichten.

Die 3-5-7-Technik

Schritt 1: Jede*r Einzelne von euch schreibt **3 Regeln** auf, die er*sie für das Team wichtig findet. Worauf wollt ihr achten? Wozu wollt ihr euch verpflichten? Was vereinfacht eure Zusammenarbeit? Achtet darauf, die Regeln handlungsorientiert, positiv und zukunftsgewandt aufzuschreiben (siehe S. 31). Besser als: „Wir wollen uns nie wieder mehr so fetzen wie im Frühjahr 2023" wäre beispielsweise: „Wir klären Streitigkeiten sofort, wenn sie auftreten".

Schritt 2: Nach spätestens fünf Minuten setzt ihr euch in Dreier- und Vierergruppen zusammen und stellt eure Einzelvorschläge vor. Fasst die Regeln zusammen, stimmt ab, welche euch am wichtigsten sind, und einigt euch schließlich auf **5 gemeinsame Regeln pro Kleingruppe**. Schreibt jede der fünf Regeln auf jeweils eine Moderationskarte.

Schritt 3: Nach 10–15 Minuten stellen die Gruppen ihre Ergebnisse im Plenum vor und heften ihre Karten geclustert an eine Stellwand. Gemeinsam entscheidet ihr, welche **7 Regeln für das Großteam** ihr übernehmen wollt. Gewichtet dabei Mehrfachnennungen besonders stark. Wenn die sieben Regeln stehen, schreibt ihr sie auf eine Flipchart und lasst sie von allen Teammitgliedern nacheinander mit Vornamen unterschreiben. Hängt die Teamregeln an einem Ort auf, der nur für das Team zugänglich ist.

Das **WWWiesel** hat dir eine Kopiervorlage für die 3-5-7-Technik im Online-Bereich versteckt.

Achtung!
Teamverträge (und Leitbilder) sollten aktuell sein. Ein Teamvertrag, der vor mehreren Jahren erarbeitet wurde, hat so gut wie keine Bewandtnis mehr für die neuesten Mitarbeitenden, weil sie sich nicht mit den aufgestellten Regeln identifizieren können. Tipp: Erklärt neuen Mitarbeitenden bestehende Teamverträge und erarbeitet sie alle paar Jahre neu.

3. Was kann jede*r Einzelne aktiv dazu beitragen?

Sicherlich wissen alle Teammitglieder, was sie täglich zu tun haben. Für den Fall, dass Einzelne krank werden oder aus anderen Gründen ausfallen, bietet es sich allerdings an, mit Steckbriefen zu arbeiten. Diese Steckbriefe können in einem Personalordner abgeheftet werden und erleichtern es Teammitgliedern in Vertretungsfällen, bestimmte Aufgaben der ausfallenden Person zu übernehmen, aber auch individueller auf die Kinder eingehen zu können.

Personalsteckbriefe anlegen
Schritt 1: Lasse alle Mitarbeitenden aufschreiben, was sie täglich in der Kita machen. Dabei zählen keine allgemeinen Tätigkeiten wie „Kinder bespaßen“ oder „Bürokram“, sondern konkrete und kleinschrittige Punkte. Das Ergebnis werden sehr lange Listen sein, die auf den ersten Blick bei allen gleich aussehen. Wenn ihr wirklich kleinschrittig vorgegangen seid, stehen auf der Liste ganz banale Punkte wie „Kinder umziehen“, „Kinder schlafen legen“, „Kindern vorlesen“, „Kindern vorsingen“, „Kinder aufwecken“, „Kindern Windeln wechseln“, aber auch „ans Telefon gehen“, „E-Mails beantworten“, „Kita-App bedienen“, „Blumen in der Gruppe gießen“ usw.

Schritt 2: Lasse die Punkte priorisieren, damit eine Vertretung weiß, wie sie die ausfallende Person unterstützen soll. Für jeden Punkt auf der Liste wird eine Wichtigkeitsstufe vergeben von 1 (täglich, egal was kommt) über 2 (täglich, wenn Zeit ist) bis zu 3 (nur machen, wenn ich länger als eine Woche fehle).

Kindersteckbriefe anlegen

Bitte deine Kolleg*innen, für alle Kinder, die sie betreuen, einen kurzen Steckbrief mit Foto anzulegen. Darauf sollten Informationen zu finden sein, mit denen eine Vertretungskraft im Notfall über den Tag kommt:

- Name, Kontaktdaten der Erziehungsberechtigten
- Allergien, Medikamente, Auffälligkeiten
- Lieblingsbeschäftigungen und unliebsame Tätigkeiten
- Hauptbezugspersonen und Spielgefährt*innen
- Tipps und Tricks zum Beruhigen, Aufmuntern, Einschlafen

Aufgabensteckbriefe anlegen

Über das Jahr verteilt, gibt es viele Aufgaben in einer Kita – von der Organisation eines Martinszugs über die Urlaubsplanung bis hin zur Essensbestellung. Legt für jede dieser Aufgaben einen kurzen Aufgabensteckbrief an mit den Informationen, die eine Vertretungskraft im Notfall benötigt, um reibungslos übernehmen zu können:

- Kontaktdaten aller Beteiligten
- Mengenangaben, Pauschalen, Preise
- Erfahrungs- und Richtwerte
- Absprachen mit Dritten
- Tipps und Tricks

Das **WWWiesel** hat dir eine Vorlage für alle drei Steckbriefe auf der Grundlage der 3-5-7-Technik im Online-Bereich versteckt.

Säule 3:

TEAMRESSOURCEN

Teams geben als Ursache für ihre Unzufriedenheit häufig mangelnde Ressourcen an. Dazu zählen z.B. der Mangel an Zeit, Raum, Material, Personal oder Geld. Es stimmt sicherlich, dass pädagogische Einrichtungen allgemein mehr Unterstützung in materieller und finanzieller Hinsicht benötigen. Es gibt allerdings Teams mit einer jämmerlichen Ressourcenlage, die diese nachhaltig nutzen und dadurch so gut wie keinen Mangel verspüren. Und es gibt Teams mit den besten Startvoraussetzungen, die dennoch ständig Mangel beklagen und scheinbar niemals genug bekommen. Tatsächlich ist die Menge an Ressourcen nicht allein entscheidend, sondern ein gutes Ressourcenmanagement. Bevor ich dir zeige, wie das aussehen könnte, zeige ich dir im folgenden Fallbeispiel zunächst einen chaotischen und hilflosen Ansatz im Umgang mit Ressourcen.

Das überarbeitete Team

In der Kita „Rappelkiste" herrscht vor Weihnachten durch Krankenstand und fehlende Fachkräfte ein enormer Personalmangel. Trotzdem soll der Laden weiterlaufen. Leitung Antje erwartet, dass die kreativsten Bastelprojekte vorbereitet und intensive Elterngespräche geführt werden und dass die letzten drei Kolleg*innen den Weihnachtsbasar doch noch irgendwie auf die Beine stellen. Und das, obwohl die Mitarbeitenden beständig über Stress und Überforderung klagen. Da vonseiten der Leitung keine sinnvollen Änderungen vorgenommen oder gar Notgruppen eingerichtet werden, wird das Team selbst aktiv, um wieder einen einigermaßen haltbaren Betreuungsschlüssel zu gewährleisten. Hauswirtschaftskraft Olga kocht nur noch Eintöpfe. Erzieher Juan ermutigt die Kinder, auch bei Regen und Schnee ohne Jacke nach draußen zu gehen. Und die verschnupfte Kollegin Doro kriecht mit den Kindern der U3-Gruppe regelmäßig in das enge Vorlesezelt, um noch „ein paar Rabauken krank zu bekommen".

In diesem Kapitel stelle ich dir verschiedene praxiserprobte Ansätze vor, mit deren Hilfe Kita-Teams geschickt mit Ressourcen umgehen können.

CHANCEN UND RISIKEN ABWÄGEN – DIE SWOT-ANALYSE

Ein gutes Ressourcenmanagement beginnt mit einem guten Überblick über die vorhandenen Mittel. Denn einige Ressourcen sind immer reichlich vorhanden, andere sind Mangelware und manche werden erst in der Zukunft knapper oder üppiger. Eine gute Möglichkeit, sich diesen Überblick zu verschaffen, ist die sogenannte **SWOT**-Analyse. Die Abkürzung setzt sich aus den Buchstaben **S** für Strengths (= Stärken), **W** für Weaknesses (= Schwächen), **O** für Opportunities (= Chancen) und **T** für Threats (= Bedrohungen) zusammen. Im wirtschaftlichen Kontext dient dieses Werkzeug seit den 1960er-Jahren dazu, den Status quo eines Unternehmens zu beschreiben, um anschließend eine Strategie zu entwickeln[8].

Ich nutze die SWOT-Analyse seit vielen Jahren für pädagogische Einrichtungen, um den Mitgliedern eines Teams ein Gefühl dafür zu geben, welche Gefahren und Chancen in der nächsten Zeit auf sie zukommen. Eine SWOT-Analyse ist gut geeignet, wenn ...

- eine Leitung das Gefühl nicht loswird, irgendeinen Stolperstein in der Personalplanung übersehen zu haben.
- ein Team nur noch im Meckermodus gefangen ist und Fehler, Schwächen und Bedrohungen sieht, ohne sich mit seinen Stärken auseinanderzusetzen.
- ein Team in Schockstarre gefangen ist, weil einige geliebte Kolleg*innen in näherer Zeit in Rente oder in den Mutterschutz gehen und bisher keine Nachfolger*innen in Sicht sind.
- die Leitung Schwierigkeiten damit hat, das Team in Anbetracht neuer politischer oder gesellschaftlicher Rahmenbedingungen für Veränderungen zu begeistern.

Die SWOT-Analyse kann eine Person allein durchführen, aber natürlich ist es immer am besten, wenn alle Teammitglieder mitmachen. So eröffnen sich mehr Perspektiven und mehr Lösungsideen.

Nehmt euch ausreichend Zeit und füllt die vier Felder der SWOT-Analyse aus. Dabei ist es wichtig, dass ihr ehrlich mit euch selbst seid. Es hat keinen Sinn, unangenehme Dinge unter den Teppich zu kehren. Alles, was ihr benennt, kann auch bearbeitet werden. Dinge, die vermeintlich unterm Teppich in Sicherheit sind, werden euch eines Tages erneut vor die Füße fallen. Wenn ihr das erste Mal eine SWOT-Analyse durchführt, empfehle ich euch, nah an den Strukturen zu bleiben. Es klingt vielleicht paradox, aber Regeln führen meist zu mehr Kreativität.

[8] Urheber*in nicht eindeutig bekannt, vermutlich K. R. Andrews (1963).

S = Stärken (engl. Strengths)	W = Schwächen (engl. Weaknesses)	O = Chancen (engl. Opportunities)	T = Risiken (engl. Threats)
Zeitebene: Gegenwart	**Zeitebene: Gegenwart**	**Zeitebene: Zukunft**	**Zeitebene: Zukunft**
Stärken fassen die Faktoren zusammen, die aktuell gut laufen und auf die das Team stolz sein kann. Oft sind das Alleinstellungsmerkmale und Besonderheiten, z. B. euer tolles Außengelände oder eure Teamarbeit.	Schwächen fassen die Faktoren zusammen, die aktuell nicht gut funktionieren, die euch Energie rauben oder für eine schlechte Außenwirkung sorgen, z. B. eure Kommunikation.	Chancen sind positive Faktoren, die in der Zukunft auf euch zukommen. Einige Chancen entwickeln sich automatisch, andere müssen aktiv ergriffen werden, z. B. Förderprogramme.	Risiken sind negative Entwicklungen in der Zukunft, die ihr mehr oder weniger beeinflussen könnt. Einige Risiken müsst ihr in Kauf nehmen, andere könnt ihr abwenden, z. B. Auswirkungen des demografischen Wandel.

SWOT-Analyse in der Kita „Sternengarten“ (Teil 1)

Die neue Leitung Isabel war schon immer ein eher strukturierter Mensch. Da in drei Monaten ihre erste Rezertifizierung des Familienzentrums „Sternengarten“ ansteht, möchte sie eine SWOT-Analyse mit dem Team machen. Gemeinsam beraten die Kolleg*innen, was denn nun Stärken und Schwächen, Chancen und Risiken des Familienzentrums sind. Dabei kommen sie ganz schön ins Grübeln. Unterm Strich sind sie zufrieden. Sie schreiben alles fein säuberlich auf einer großen Flipchart auf. Kollegin Angelique tippt dann noch einmal alles ab und fasst die Stichpunkte in einer Tabelle zusammen.

S = Stärken (engl. Strengths)	W = Schwächen (engl. Weaknesses)	O = Chancen (engl. Opportunities)	T = Risiken (engl. Threats)
• fast immer Harmonie • fröhliche Kinder • tolle Frühstücksbuffets • schönes Außengelände • gut funktionierende Elternarbeit • engagierte Leitung • engagiertes Team! • 2 männliche Erzieher! • Lese-Omas sind spitze!	• Missverständnisse und Informationslücken in der Kommunikation • Partizipation wird eher stiefmütterlich behandelt • wenige Netzwerke • schlechte Außenwirkung • Platzmangel in der Glühwürmchen-Gruppe • Küche zu klein	• neue Kita-App? • Vorstandswahlen des Eltern-Fördervereins • Förderprogramm der Stadtsparkasse • Neubau Grundschule • Neubau Altenheim • Mutter von Fabienne ist Youtuberin • Vater von Svantje ist bei der Lokalzeitung	• neue Kita-App? • Vorstand Elternverein hat Rücktritt angekündigt (Kinder haben inzwischen Abi) • Altersstruktur im Team • junge Kolleg*innen (Familienplanung?) • ältere Kolleg*innen (Renteneintritt?) • Rezertifizierung als Familienzentrum auch von Elternarbeit abhängig

Eine Analyse ist ein wichtiges Werkzeug, wenn ihr den Ist-Zustand benennen wollt. Genauso wichtig ist es aber auch, dieses Wissen für Handlungen zu nutzen. Der zweite Schritt der SWOT-Methode ist daher die Strategieentwicklung. Dabei werden die einzelnen Faktoren miteinander in Beziehung gesetzt. Es entstehen vier mögliche Strategien.

	Stärken	Schwächen
Chancen	**Ausbauen-Strategie** Wie können wir Stärken und Chancen möglichst gewinnbringend miteinander kombinieren?	**Aufholen-Strategie** Wie können wir Versäumnisse der Vergangenheit und Gegenwart durch geschickt genutzte Chancen zukünftig ins Gute umkehren?
Risiken	**Absichern-Strategie** Wie können wir unsere aktuellen Stärken einsetzen, um uns möglichst geschickt gegen zukünftige Bedrohungen zu wappnen?	**Aushalten-Strategie** Wie können wir den unvermeidlichen Risiken begegnen, die uns an unseren empfindlichsten Schwachpunkten treffen?

SWOT-Strategien in der Kita „Sternengarten" (Teil 2)

Nachdem die Analyse in einer Teamsitzung gemeinsam erarbeitet wurde, nehmen sich die Mitarbeitenden des Familienzentrums in der nächsten Teamsitzung erneut Zeit, um die einzelnen Faktoren miteinander in Beziehung zu setzen.

	Stärken	Schwächen
Chancen	**Ausbauen-Strategie** • mit guter Team- und Elternarbeit möglichst viele neue Eltern werben • bei einem leckeren Frühstück Förderinnen und Förderer von der Kita überzeugen • Artikel über Lese-Omas in der Lokalzeitung (Svantjes Papa!)	**Aufholen-Strategie** • Informationslücken mit der Kita-App schließen • Kontakt zur neuen Schule und zum Altenheim aufbauen; gegenseitige Besuche initiieren • Fabiennes Mama zur Social-Media-Beauftragten machen?
Risiken	**Absichern-Strategie** • jetzt schon mit bestehendem Team nach potenziellen Nachwuchskolleg*innen suchen und Bewerbungsgespräche führen • Kinder partizipativ in die Rezertifizierung mit einbinden (etwas geschummelt, weil Partizipation aktuell ja noch eine Schwäche ist)	**Aushalten-Strategie** • Schlechte Netzwerke könnten dazu führen, dass wir keine neuen Mitarbeiter*innen finden. • Mangelnde Partizipation könnte sich schlecht in der Rezertifizierung machen. (aufpassen!) • Schlechte Außenwirkung wird womöglich durch geschrumpften Personalstand verschlechtert. (früh für Nachwuchs sorgen!)

Die Erzieher*innen im Familienzentrum „Sternengarten“ haben durch die SWOT-Analyse einige Gefahren aufgedeckt, mit denen sie sich zuvor noch gar nicht beschäftigt hatten. Gleichzeitig haben sie lohnende Chancen und vor allem Handlungsspielräume entdeckt, die ihnen Raum für Weiterentwicklung und Verbesserung ermöglichen. Das ist nicht nur für Leitung Isabel und ihre Rezertifizierung wichtig, sondern auch für die gesamte Teamentwicklung in der Einrichtung.

Die Brainstorming-Variante der SWOT-Analyse

Mit dieser Variante erreichst du mit wenig Zeitaufwand differenzierte Ergebnisse. Die Variante lebt davon, dass sich schüchterne oder vermeintlich ideenlose Kolleg*innen zunächst von den Vorschlägen der anderen Erzieher*innen inspirieren lassen können, bevor sie selbst zum Stift greifen. Solche Methoden werden im Bereich der Kreativitätstechniken als Brainstorming bezeichnet.

Schritt 1: Zeichne auf einer Flipchart die vier Felder der SWOT-Analyse vor und erkläre deinem Team das Modell. Diese Flipchart hängst du im Teamraum auf, legst einen Filzstift dazu und bittest alle Mitarbeitenden, bis zur nächsten Teamsitzung fünf Minuten an der Flipchart zu verbringen und die Felder stichpunktartig zu bearbeiten.

Schritt 2: Auf der Teamsitzung besprecht ihr die Einträge an der Flipchart und einigt euch auf die wichtigsten Erkenntnisse. Entwickelt nun gemeinsam SWOT-Strategien, die euch in den nächsten Wochen, Monaten und Jahren helfen werden.

Das **WWWiesel** hat dir für die SWOT-Analyse und SWOT-Strategien Kopiervorlagen im Online-Bereich versteckt.

KAPAZITÄTSGRENZEN ERKENNEN UND KOMMUNIZIEREN

Vor einigen Jahren arbeitete ich mit einer Einrichtung, deren Mitarbeitende überfordert und erschöpft waren: einerseits durch die steigenden Ansprüche der Kinder und Eltern, andererseits durch den Drang, immer alles gut und richtig zu machen. Das Ganze wurde verstärkt durch Fachkräftemangel, Krankenstände und fluktuierende Teamkonstellationen. Um besser zu identifizieren, was dieses Team leistete und welche Ansprüche an das Team gestellt wurden, habe ich die Servicepyramide entwickelt.

DIE SERVICEPYRAMIDE

Die Servicepyramide sammelt zunächst die Ansprüche an unsere Arbeit (eigene Ansprüche, aber auch Ansprüche der Kinder, der Eltern, des Trägers, der Gesellschaft). Anschließend setzt sie die Leistungen, die wir erbringen können, um die Ansprüche zu befriedigen, in ein Verhältnis zu den personellen Kapazitäten.

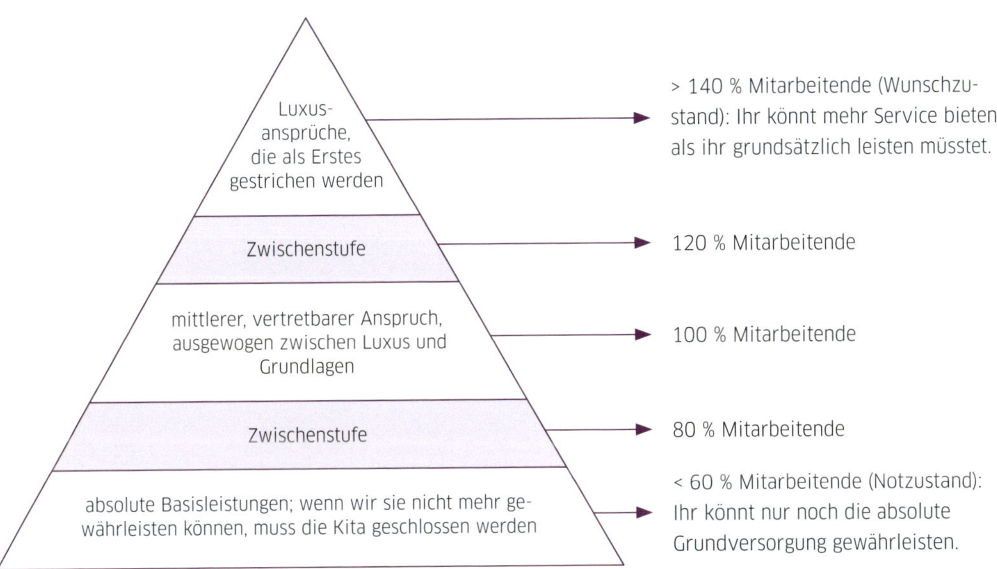

In die unterste Stufe **(Notzustand)** gehören die wirklich essenziellsten Leistungen, die das Team in der Kita erbringen muss. Dazu gehören unter anderem:

- Anspruch auf Sicherheit und körperliche Unversehrtheit der Kinder (Gewährleistung der Aufsichtspflicht)
- Anspruch auf Wärme und Geborgenheit, ausreichend Platz

- Anspruch auf Versorgung: Kein Kind hat Hunger oder Durst.
- Anspruch auf hygienische Grundversorgung: Kinder werden gewickelt oder rechtzeitig auf die Toilette begleitet.

In die drei mittleren Stufen **(Realzustand)** gehören z. B. folgende Leistungen:

- individuelle Betreuung von Kindern in Kleingruppen
- Spiel-, Sport- und Bastelangebote
- Ausflüge in die Nachbarschaft, in den Wald oder in die Stadt
- individuelle Förderung (z. B. von motorischen Fähigkeiten oder Sprache)
- Elterngespräche und Elternabende
- Kindergartenfeste, Feiertage, gemeinsame Pflege von Traditionen
- Organisatorisches, Verwaltungsarbeit, An- und Abmeldung von Kindern

Die Gewichtung der einzelnen Punkte im Realzustand ist Geschmackssache. Je nach Leitbild oder Trägervorgaben und je nach Befähigung der anwesenden Mitarbeitenden kann ein Team mehr oder weniger Ansprüche befriedigen.

In die oberste Stufe **(Luxusebene)** gehören überzogene und bei normalem Personalschlüssel gar nicht machbare Wünsche und Ansprüche:

- tägliche Tür-und-Angel-Gespräche mit allen Elternteilen
- täglich mehrfaches Beantworten von E-Mails
- regelmäßiges Versenden von Fotos an die Eltern
- Eins-zu-eins-Betreuung von Kindern oder Eltern

Leider handeln viele Teams im Ernstfall nicht streng nach der Servicepyramide. Dann kann es passieren, dass die Pyramide Kopf steht: Die Mitarbeitenden halten sich mit weniger wichtigen Dingen auf, wie z. B. zeitraubenden Tür-und-Angel-Gesprächen mit besonders hartnäckigen Eltern, anstatt sich auf die nächstwichtigere Stufe der Pyramide zu konzentrieren. Ein resilientes Team hingegen wendet die Servicepyramide konsequent an: Wenn Personal ausfällt, streicht es alle Handlungen und Angebote, die nicht mehr im Rahmen des Möglichen sind. Es kommuniziert seine Grenzen gegenüber dem Träger, den Eltern und gegebenenfalls den Kindern. So weiß jede*r: Es ist gerade kein böser Wille, dass in der Kita niemand ans Telefon geht oder dass es in dieser Woche nur zwei feste Abholzeiten um 15.00 Uhr und um 16.00 Uhr gibt, sondern es ist zurzeit nicht anders machbar.

Achtung!
Achtet darauf, dass ihr die Grundversorgung sichern könnt. Gerade in der Erkältungszeit sehe ich oft, dass zu viele Teams am absoluten Limit arbeiten. Ihr tut euch selbst, aber auch den Kindern keinen Gefallen, wenn ihr ausgelaugt seid. Wer erschöpft ist, macht Fehler. Das darf auf der untersten Ebene der Pyramide nicht passieren. Wenn die unterste Stufe nicht gewährleistet werden kann, müsst ihr – so unangenehm das auch ist – Notgruppen einrichten bzw. die Kita eine Zeit lang schließen.

GRENZEN KOMMUNIZIEREN

Habt ihr eure Grenzen erst einmal identifiziert, ist es unumgänglich, sie auch zu kommunizieren. Je mehr Menschen informiert sind, desto besser. Denkt daran: Es ist keine Schwäche, schwach zu sein. Aber es ist stark, über seine Schwächen zu sprechen. Je mehr Kitas offen über die Herausforderungen sprechen, denen sie in der heutigen Zeit nicht mehr gewachsen sind, desto mehr Öffentlichkeit erreichen sie. Das ruft im ersten Schritt mehr Verständnis der Eltern hervor, im zweiten Schritt aber hoffentlich auch eine notwendige Veränderung in Politik und Gesellschaft. Folgende Personengruppen solltet ihr informieren:

1. Jede*n im eigenen **Team**. So könnt ihr vermeiden, dass Eltern den alten Trick ihrer eigenen Kinder anwenden: „Wenn Mama Nein sagt, fragst du Papa!“

2. Stellt dem **Träger** der Kita die Informationen eurer Pyramide zur Verfügung und besprecht sie im besten Fall mit ihm. Der Träger kann die Eintragungen kritisch hinterfragen, Zusatzinformationen beisteuern, unter Umständen direkt intervenieren und Lösungen anbieten. Der Träger sollte aber auch wissen, ab welchem Punkt ihr Notgruppen für alternativlos erachtet und ab welchem Punkt ihr euch gezwungen seht, eine Überlastungsanzeige einzureichen.

3. Die **Eltern** sollten Bescheid wissen. In einigen Teams sind die Eltern die schlimmsten Feinde im Fachkräftemangel, weil sie ständig einen Finger in die Wunde legen, sich beschweren, Druck machen, nörgeln und drohen. In anderen Teams sind Eltern die wertvollsten Verbündeten im Fachkräftemangel, nämlich dann, wenn sie unterstützen, Verständnis und Zuwendung zeigen und sogar für die Kita an die Öffentlichkeit und in die Politik gehen.

4. **Öffentlichkeit** und **Politik**. Alle reden über Fachkräftemangel und Personalnot in sozialen Einrichtungen. Geht an die Öffentlichkeit und zeigt, was ihr tut, um dem entgegenzuwirken. Zeigt euren Willen, etwas zu verändern.

5. Last, but not least: Bezieht die **Kinder** mit ein. Erklärt ihnen, warum ihr die eine oder andere Aktion nicht machen könnt. Wenn ihr nur noch zu viert in der Kita seid und deshalb die Back-AG ausfallen lasst, erklärt den Kindern, warum das so ist. Denkt immer daran: Eure Erklärungen landen bei den Eltern. Oft haben die Kinder übrigens Verständnis – und häufig tolle Ideen, was man machen kann, um auch mit wenigen Erwachsenen einen guten Tag zu verbringen.

SYSTEMISCHES ZEITMANAGEMENT

Eine der wichtigsten limitierten Ressourcen in der Kita ist die **Zeit**. Es liegt daher nahe, sich im Zuge eines umfassenden Ressourcenmanagements auch mit Zeitmanagement in der Kita auseinanderzusetzen. Schließlich besteht die Hoffnung, dass wir Zeit einsparen, weniger Stress empfinden und allein durch einen geschickteren Umgang mit Zeit unser Team resilienter machen. Doch wenn wir uns mit Zeitmanagement im Kita-Team beschäftigen, stehen wir vor zwei Herausforderungen:

1. Der Begriff „Zeitmanagement" suggeriert, dass wir tatsächlich die *Zeit* managen könnten. Leider ist das unmöglich. Denn Zeit kann niemals erschaffen oder verbogen werden. Jeder Mensch hat am Tag 24 Stunden zur Verfügung. Anstelle von Zeitmanagement müssen wir von Selbstmanagement sprechen.

2. Wenn wir in Ratgebern oder im Internet nach Zeitmanagement-Methoden suchen, stoßen wir meistens auf Techniken für Einzelkämpfer*innen. Im Team darf aber Zeitmanagement niemals von vielen einzelnen Menschen betrieben werden nach dem Motto: Jedes Teammitglied kocht sein eigenes Süppchen und wer als Erste*r fertig ist, darf früher nach Hause gehen!

Beide Herausforderungen lassen sich mit dem moderneren Ansatz des systemischen Zeitmanagements angehen. Er berücksichtigt nicht nur das gesamte Team während der Arbeitszeit, sondern auch das Privatleben der Mitarbeitenden.

Achtung!
In einigen Fällen kann individuelles Selbstmanagement (Literaturtipps siehe S. 127) natürlich sehr förderlich sein, nämlich wenn etwas mehr Disziplin und Organisationstalent von Einzelnen in ihrem Privat- oder Arbeitsleben zu mehr Entspannung im Team führen:

- Kollege Torben geht früher schlafen. Dadurch verschläft er seltener und kommt pünktlich zur Arbeit.
- Kollegin Elif diszipliniert sich in Elterngesprächen und hält die Obergrenze von 30 Minuten ein, sodass sie wieder früher in die Gruppe zurückkehrt.
- Teamleitung Katharina plant im Voraus und veröffentlicht Termine von Schließungstagen und Feiern nun früher. Dadurch herrscht mehr Zufriedenheit im Team und unter den Eltern.

Im Folgenden stelle ich dir vier bewährte Impulse vor, mit denen ihr im Team viel Gutes bewirken könnt und eine Menge Zeit spart.

ZEIT ALS ROHSTOFF BETRACHTEN

Menschen handeln seit jeher mit allen möglichen Rohstoffen. Auch Zeit können wir als Rohstoff ansehen. Wie alle Rohstoffe wird Zeit umso wertvoller, je weniger uns davon zur Verfügung steht. Die Möglichkeiten, mit dieser attraktiven Ressource zu handeln, stellt das folgende Fallbeispiel vor:

Doros Taktiken
Erzieherin Doro ist alleinerziehende Mutter von zwei wunderbaren Söhnen. Damit sie im Alltag alles wuppt, hat sie tolle Taktiken eingeführt, die ihr das Leben erleichtern.

1. Sie schmiert die Schulbrote für die Jungs schon am Abend, wenn die beiden schlafen.
2. Sie lässt die Jungs von ihrer Mutter zur Schule fahren, dafür holt sie die alte Dame immer freitagabends vom Bingo im Gemeindehaus ab.
3. Von Oktober bis Dezember muss sie das Treppenhaus nicht wischen. Stattdessen bekommen alle anderen Mieter im Haus Freikarten zum Weihnachtskonzert von Doros Chor.
4. Sie räumt ihr Frühstücksgeschirr grundsätzlich nicht in die Spülmaschine. Morgens ist sie in Eile. Ihre Mutter kann Küchenchaos nur schwer ertragen und räumt das Geschirr fast immer stillschweigend weg.

Welche Zeitmanagement-Taktiken hast du erkannt? Doro hat bewusst oder unbewusst die folgenden vier Zeit-als-Rohstoff-Taktiken eingesetzt:

1. Zeit speichern: Du erledigst Aufgaben dann, wenn du Kraft und Ressourcen dafür hast. Im Gegenzug musst du sie nicht erledigen, wenn du erschöpft bist und zu viel um die Ohren hast. Deinen Zeitspeicher kannst du meistens füllen, ohne dass dabei andere in Mitleidenschaft gezogen werden.

2. Zeit-für-Zeit-Handel: Du schenkst einer anderen Person einen Teil deiner Zeit. Dafür schenkt sie dir zu einem anderen Zeitpunkt einen Teil ihrer Zeit. Das lässt sich im Team z. B. umsetzen, indem du den Bericht der neuen PiA-Azubi Korrektur liest, dafür geht sie in der Zeit trotz Regens mit den Kindern nach draußen.

3. Zeit-für-Materie-Handel: Du tauschst die Zeit einer Person gegen einen materiellen Gegenwert. Wenn du drei Stunden pro Woche eine Putzhilfe beschäftigst, sparst du drei Stunden Zeit, die du anders verwenden kannst. Dafür erhält die Putzhilfe Geld, also einen materiellen Gegenwert. Man könnte auch sagen: Alle Eltern, die ihre Kinder bei euch in der Kita unterbringen, nehmen eure Zeit und bezahlen dafür.

4. Zeit stehlen/Zeit schenken: Im Praxisbeispiel stiehlt Doro die Zeit ihrer Mutter. Das tut auch die Erzieherin, die alle Spielsachen auf dem Außengelände lässt, wenn sie um 14 Uhr geht, weil eine andere Kollegin ohnehin bis 16 Uhr arbeitet. Zeit stehlen bedeutet: Jemand anderes übernimmt zeitintensive Aufgaben für uns, ohne einen Gegenwert dafür zu erhalten. Wenn das Ganze einvernehmlich abgesprochen ist, sprechen wir von „Zeit schenken". Das kann der Fall sein, wenn die Leitung nach einem gemeinsamen Teamtraining wohlwollend sagt: „Geht ihr ruhig schon mal, ich räum in Ruhe auf."

Blitzveränderungs-Tipp

Findet einen offenen und positiven Umgang mit den vier Taktiken im Team. In einem resilienten Team können die Mitglieder Vorschläge machen, die die Gemeinschaft stärken, und Missstände ansprechen, die sie schwächen. Es mag zwar anfangs Überwindung kosten, aber unterm Strich fördert es die Teamresilienz, wenn sich Kolleg*innen sagen, wo sie sich um ihre Zeit bestohlen fühlen und wo sie selbst gerne Zeit handeln oder speichern würden.

STÖRUNGEN NICHT IMMER VORFAHRT GEWÄHREN

Jede Kita-Fachkraft kennt sie, die kleinen Störungen, die „nur mal schnell" unsere Aufmerksamkeit erfordern. Zu ihnen gehören im Büro das schnelle Unterschreiben eines Urlaubsantrags, das kurze Telefonat mit einem aufgeregten Vater oder die beiden E-Mails, die rasch beantwortet werden. Geben wir im Alltag immer wieder diesen Störungen den Vorrang, so beanspruchen die vielen Mini-Aufgaben ganz allmählich unsere Ressourcen. Schnell ist ein halber Tag vorüber, bevor wir uns überhaupt an die großen Aufgaben machen können. Ein kleines Experiment – das sogenannte Walnuss-Wunder – veranschaulicht das.

Achtung!

In der Arbeit mit Kindern handeln wir nach dem Leitsatz „Störungen haben Vorrang". Wenn z. B. im Morgenkreis ein Kind zu weinen anfängt, richten wir unsere Aufmerksamkeit auf das einzelne Kind. Das ist richtig und gut so. Dieser Abschnitt befasst sich aber nicht mit der „Arbeit am Kind", sondern mit den organisatorischen Aufgaben des Teams.

Das Walnuss-Wunder

Um dieses kleine Wunder nachzustellen, brauchst du eine zylindrische Glasvase oder ein großes Gurkenglas, zwei Salatschüsseln, einen Beutel ganze Walnüsse und eine Packung Senfkörner.

	**Schritt 1:** Fülle die Glasvase mit so vielen Walnüssen wie möglich. Der obere Abschluss sollte gerade sein: Wenn du dieses Buch auf die Vase legst, sollte keine Walnuss den Einband berühren.
	**Schritt 2:** Gib vorsichtig Senfkörner in die Glasvase, sodass sie die Räume zwischen den Walnüssen füllen. Klopfe immer wieder vorsichtig gegen die Vase, damit die Körner weiterrutschen.

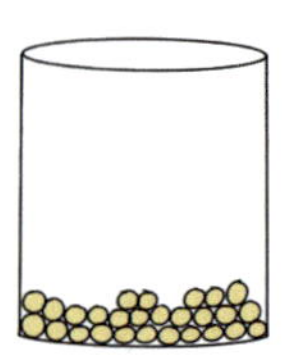	**Schritt 3:** Gib den Inhalt der Glasvase in die erste Schüssel. Sortiere alle Nüsse in die zweite Schüssel. Gib alle Senfkörner wieder in die Glasvase.
	**Schritt 4:** Versuche nun, alle Walnüsse in die Glasvase zu füllen, ohne dass sie über den oberen Rand ragen.

Ist es dir gelungen, die Walnüsse in dem Glas mit den Senfkörnern unterzubringen? Höchstwahrscheinlich nicht, denn die Lücken zwischen den Walnüssen füllen sich nur dann mit den kleineren Senfkörnern, wenn du Nüsse und Körner in der richtigen Reihenfolge in die Vase füllst. Die Weisheit dieses kleinen Experiments erkennst du, wenn du dir die Walnüsse und die Senfkörner als deine Aufgaben im Arbeitsalltag vorstellst. Aufgaben, die längere Aufmerksamkeit beanspruchen, um zu einem guten Ergebnis gebracht zu werden, sind die Walnuss-Aufgaben. Dazu gehört im Büro z.B. das Fertigstellen eines Förderantrags oder das Ausarbeiten eines Kinderschutzkonzepts. Werden wir bei diesen Aufgaben gestört, schwindet mit jeder Störung unsere Konzentration und wir brauchen wieder etwas Einarbeitungszeit, bis wir aufmerksam weiterarbeiten können. Zu den Senfkörner-Aufgaben gehören kleine, harmlose Aufgaben, die wir vermeintlich „schnell dazwischenschieben können", die letztlich aber die Erledigung der großen Aufgaben stören.

Übertragen auf den Arbeitsalltag, bedeutet das: Du solltest dich nicht dazu hinreißen lassen, von einer Störung in die nächste zu schlittern, nur weil ihre Erledigung vermeintlich wenig Zeit braucht. Viele kleine Störungen nehmen in Summe so viel Raum ein, dass du im Anschluss keine großen Aufgaben mehr schaffst. Viele Störungen führen auch zu viel Ablenkung. Und Ablenkung raubt dir unterm Strich die Zeit, die du für konzentriertes Arbeiten dringend benötigst. Stattdessen solltest du die umfangreichen Aufgaben immer an erste Stelle setzen. Auf diese Weise erledigst du deine Tagesziele eins nach dem anderen und hast zwischendurch immer noch Zeit für wenige, ausgewählte Mini-Aufgaben. Wie lässt sich diese Erkenntnis aus dem Walnuss-Wunder nun für die Praxis nutzbar machen?

Das Walnuss-Wunder in der Kita-Praxis

- Trenne dich zunächst von Aufgaben, die weder wichtig noch dringlich sind. Dazu gehört etwa, auf Werbung zu reagieren, die ungefragt hereinflattert, oder Fenster zu putzen, wenn nächste Woche die Fensterputzfirma kommt. Diese Aufgaben sind Ballast. Sie verdienen nicht einmal die Bezeichnung „Senfkorn-Aufgabe" und dürfen getrost von deiner To-do-Liste gestrichen werden.
- Identifiziere Aufgaben, die wichtig und dringlich sind, und unterscheide sie in Walnuss-Aufgaben (Dinge, die Zeit brauchen) und Senfkorn-Aufgaben (Dinge, die schnell erledigt werden können).
- Beginne mit den Walnuss-Aufgaben. Behandle z. B. in Teamsitzungen zuerst die wichtigsten Themen, komm in Eltern- und Mitarbeitergesprächen direkt auf den Punkt, plane zuerst die Eckpfeiler des Sommerfests, ohne dich in Details zu verlieren.
- Wenn du die Walnuss-Aufgaben erledigt hast, ist immer noch ein wenig Platz für die Senfkorn-Aufgaben, z. B. eine Mail abschicken oder eine Mutter zurückrufen.

Im Kita-Alltag ist eine **Variation** des Walnuss-Wunders oft leichter umsetzbar. Dabei arbeitet ihr nicht erst sämtliche Walnüsse ab, bevor ihr euch an die Senfkorn-Aufgaben macht. Stattdessen erledigt ihr immer eine Walnuss-Aufgabe, bevor ihr euch um drei oder vier Senfkorn-Aufgaben kümmert. Dann kommt wieder eine Walnuss-Aufgabe.

Achtung!

Was für den einen eine Walnuss ist, ist für die andere nur ein Senfkorn. Gerade im systemischen Zeitmanagement kann es sein, dass ihr im Team vollkommen anders priorisiert und bewertet. Sprecht darüber, findet Kompromisse oder trefft demokratische Entscheidungen.

UNTERSCHIEDLICHE LEISTUNGSZEITEN BERÜCKSICHTIGEN

Menschen sind zu unterschiedlichen Tageszeiten besonders leistungsfähig oder erholungsbedürftig. In jedem Team gibt es beispielsweise Kolleg*innen, die früh am Tag schon voller Energie sind (Lerchen), während andere am Morgen eine gewisse Anlaufzeit benötigen (Eulen).

Lerchen und Eulen im Team

Wenn Moni morgens in die Kita kommt, hat sie schon einen Kaffee zu Hause getrunken, aber vor dem zweiten Kaffee in der Kita sollte sie lieber niemand ansprechen. Als sie die Tür zur Gruppe öffnet, stößt sie fast mit Kollegin Fanni zusammen. Fanni grinst übers ganze Gesicht. Mit ausladender Körpersprache begrüßt sie Moni und redet direkt auf sie ein. Fanni wirkt, als wäre sie schon seit Stunden wach. Moni ist überfordert und genervt.

Oft fällt uns wie im Fallbeispiel der Unterschied zwischen Eulen und Lerchen vor allem auf, wenn er zu Stress führt. Ein resilientes Team jedoch kombiniert die starken und schwächeren Leistungszeiten seiner Mitglieder geschickt, sodass leistungsfähige Kleinteams entstehen, die ihre müden Phasen ausgleichen und die wachen Phasen für gemeinsame Kraftakte nutzen. In Teams lasse ich dazu die Mitarbeitenden ihre Tagesleistungskurve zeichnen, um „Lerchen" und „Eulen" zu identifizieren.

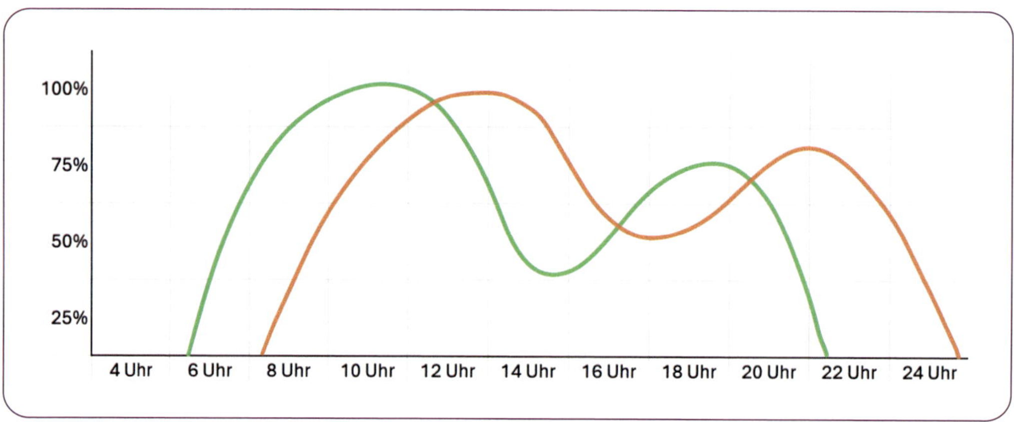

Tagesleistungskurven im Vergleich (grün = Morgentyp/Fanni, die Lerche; orange = Abendtyp/Moni, die Eule)

Den Tagesablauf mithilfe der Tagesleistungskurven gestalten
Ein resilientes, neugieriges und veränderungsbereites Team kann das Wissen um die jeweiligen Tagesleistungskurven auf verschiedene Weise nutzen.

- **Nutzt eure Hochs:** Setzt Teamsitzungen dann an, wenn die Mehrzahl der Kolleg*innen fit und ausgeschlafen ist, legt Elterngespräche auf die Zeit, in der ihr am produktivsten seid, schreibt wichtige Berichte und Förderanträge, wenn ihr euch am besten konzentrieren könnt.
- **Schützt eure Tiefs:** Legt die Pausen in die Zeit, in der ihr sie braucht, nicht in die Zeit, wo sie schon immer lagen. Kommuniziert müde Momente im Team und schickt diejenigen in Teamsitzungen und Elterngespräche, die zu dem Zeitpunkt am fittesten sind.
- **Plant antizyklisch:** In Tiefphasen sind wir vor allem geistig erschöpft, während körperliche Arbeit bis zu einem gewissen Grad kein Problem ist. Legt also geistig weniger anspruchsvolle Aufgaben, wie Aufräumen, Sortieren, Wäsche waschen, Bastelvorlagen ausschneiden, Kärtchen laminieren, in die Phasen, in denen ihr müde seid. So verschwendet ihr keine wertvolle Zeit in euren High-Energy-Momenten.
- **Kommuniziert eure Bedürfnisse:** Eulen brauchen morgens einen Moment, um anzukommen und sich zu akklimatisieren, während Lerchen vielleicht direkt den Drang haben, sich auszutauschen. Sprecht darüber, was ihr euch von dem*der anderen wünscht, und findet z. B. eine Schweigeregel für die erste halbe Stunde des Tages.
- **Bezieht die Kinder ein:** Denkt dran, dass auch Kinder ihre Hochs und Tiefs haben, die sich oft von denen der Erwachsenen unterscheiden. Haben Kinder gerade ihre Tiefphase und ihr versucht, sie zum geistig anspruchsvollen Laternenbasteln anzuspornen, schwimmt ihr gegen den Strom. Und wir alle wissen, wie anstrengend das ist.

Das **WWWiesel** hat dir eine Vorlage im Online-Bereich versteckt, in die ihr eure Tagesleistungskurven eintragen könnt.

Übertragen auf das Fallbeispiel, könnten wir den Kolleginnen Moni (Eule) und Fanni (Lerche) den Tipp geben, sich auszutauschen und ihre Hochenergiephasen aufeinander abzustimmen. Fanni könnte ihren morgendlichen Elan nutzen, um mit den Kindern den ersten Morgenkreis mit Singspielen zu gestalten. Wenn Fannis Konzentration gegen 12 Uhr mittags abbaut, übernimmt Kollegin Moni das laute und eher anstrengende Mittagessen. Die Zusammenarbeit würde sicherlich auch davon profitieren, wenn Moni morgens mit einem Kaffee begrüßt würde und Fanni nach dem Essen mit den Kindern in den Ruheraum wechseln würde.

ZEITFRESSER UND ENERGIEDIEBE IDENTIFIZIEREN

Jede*r kennt sie, jede*r fürchtet sie, aber die wenigsten tun etwas gegen sie: Zeitfresser und Energiediebe im Alltag.

- **Zeitfresser** sind Tätigkeiten, die uns von wichtigen Aufgaben abhalten. Z.B. spielen wir in unserer 30-minütigen Pause gern am Handy herum und vergessen dabei, dass wir noch etwas essen und auf die Toilette gehen wollten.
- **Energiediebe** sind Tätigkeiten, Abläufe und Geschehnisse, die uns nicht immer messbar Zeit stehlen, aber Kraft und Energie, die wir im Alltag dringend für andere Dinge bräuchten. Dazu zählt z.B. die wiederkehrende Suche nach einer freiwilligen Person, die in den wöchentlichen Teamsitzungen das Protokoll führt.
- **Kombinierte Übeltäter**: Wenn uns etwas Zeit und Energie raubt, ist dringend eine Veränderung erforderlich. Z.B. raubt uns die permanente Diskussion mit den Eltern eines Kindes über die Abholzeiten Energie und kostet uns viel Zeit. In diesem Fall ist der Energiedieb gleichzeitig auch ein Zeitfresser.

Achtung!
Oft fühlt es sich so an, dass ein Mensch der Energieräuber ist, z.B. Kollegin Babette, die ständig lange Geschichten von ihrer schwierigen Ehe erzählt. Wir sollten allerdings nicht den Menschen, sondern sein Verhalten als Energiedieb betrachten.

Umgang mit Zeitfressern und Energiedieben

- Stelle eine unsortierte **Liste** aller Störenfriede auf.
- Identifiziere einzelne Übeltäter, beschreibe sie genau und ordne sie der **Kategorie** Zeitfresser, Energiedieb oder dem kombinierten Typus zu.
- Erfasse den **Störumfang** pro Übeltäter: bei Zeitfressern in Stunden und Minuten, bei Energiedieben in Gefühlswechseln (z. B. von fröhlich nach traurig oder von entspannt nach wütend).
- Gehe die Liste erneut durch und benenne für jeden Übeltäter einen Grund oder eine **Motivation**, warum eine Veränderung erstrebenswert ist.
- **Priorisiere**: Gehe dringlichste Veränderungen zuerst an, terminiere unwichtigere Veränderungen und gehe sie zu einem anderen Zeitpunkt an.

ZEHN STRATEGIEN, UM TEAMRESSOURCEN BESSER ZU NUTZEN

Die Kita „Wolpertinger" war beim Träger lange Zeit als nettes und fröhliches, aber schrecklich unorganisiertes Team bekannt. Das fiel lange nicht negativ auf, aber während der letzten Erkältungswelle wurden die fehlenden Strukturen zum Problem. Krankheitsvertretungen waren nicht organisiert, niemand wusste, zu welchem Zeitpunkt Notgruppen ausgerufen werden mussten, und die Telefonnummern der Eltern waren an unauffindbaren Stellen aufbewahrt. Seitdem hat das Team eine Menge organisatorische Ideen in die Tat umgesetzt, die Ressourcen besser nutzen und damit zu größeren Freiräumen und strukturell zu mehr Teamresilienz geführt haben. Im Folgenden stelle ich zehn dieser Veränderungen vor.

Achtung!
Wenn ihr ein offenes Team seid und euch gut auf Ideen und Verbesserungsvorschläge einstellen könnt, lies direkt weiter. Wenn ihr eher kritisch seid oder du die Ideen mit einem skeptischen Team durcharbeiten möchtest, schaue dir zunächst die Walt-Disney-Technik am Ende des Abschnitts an (siehe S. 90). Sie kann euch dabei helfen, neuen Ideen eine Chance zu geben.

1. Da es in der Vergangenheit oft zu ausufernden Besprechungen gekommen ist, hat das Team **strikte Meeting-Regeln** für Teamsitzungen eingeführt. Dazu gehören Pünktlichkeit, eine feste Tagesordnung sowie eingeschränkte Redezeiten pro Person, die von Zeitwächter*innen überwacht werden.

2. Es gibt natürlich einen Platz für Kritik und Wehklagen in Teamsitzungen, aber es gibt eine Obergrenze für Negativität. Bei Überschreiten der **magischen Meckerminute** muss der*die Übeltäter*in einen Strafkuchen backen. Im wöchentlichen Wechsel überwacht eine Kollegin oder ein Kollege die Regel während der Sitzungen.

3. Das Team führt ein sachlich-rationales **Mangelprotokoll**: ein Büchlein, in dem alles dokumentiert wird, was mit Mangel (in erster Linie Fachkräftemangel, teilweise Materialmangel oder Raummangel) in Verbindung gebracht wird. Eine Kopie der Einträge geht jede Woche an den Träger, damit im Team jede*r ein besseres Bauchgefühl hat. Denn es kann ja immer mal was passieren und dann kann niemand sagen: Das hättet ihr uns eher sagen müssen!

4. Die „Wolpertinger“-Kita hat einen **gemeinsamen Materialpool** mit anderen Kitas in der Nachbarschaft gebildet. Das betrifft sowohl das analoge Material, das selten gebraucht wird (Slush-Ice-Maschine, Hüpfburg etc.), als auch digitale Materialien (Bastelanleitungen, Elternbriefvorlagen etc.).

5. Das Team betreibt ein **buntes Netzwerk** mit anderen Kitas. Die Fachkräfte und Leitungen tauschen sich aus, vermitteln einander Bewerber*innen, informieren über Fördermittel und schicken trotz Fachkräftemangel gegenseitig Vertretungskräfte in die anderen Einrichtungen.

6. Die Kita hat eine **Verwaltungs-App** eingeführt, die die Krankmeldungen von Kindern, Elternbriefe und Elternunterschriften automatisiert und dadurch ungemein wertvoll fürs Büro ist. Dadurch kann die Kita-Leitung viel Organisationszeit einsparen.

7. Eine **Rentner-Reserveliste** sorgt für Vertretungskräfte in Notfällen. Sie besteht aus ehemaligen Kolleg*innen und Großeltern, die eine pädagogische Ausbildung haben. Die Fachkräfte springen in der Kita ein, wenn Bedarf besteht.

8. Die Kita führt eine **Ehrenamtsliste** mit Helfer*innen für nicht pädagogische Aufgaben. Diese Ehrenamtler*innen (meist Eltern und Großeltern) leisten kleine Beiträge, für die sie nicht im direkten Kontakt mit Kindern stehen. So bereiten sie z. B. das gesunde Frühstück vor, versenden Weihnachtspost oder erstellen Vorlagen für Bastelprojekte.

9. Im Büro der Leitung gibt es einen großen **übersichtlichen Dienstplan**, der nicht nur aktuelle Arbeitszeiten und Krankheitsfälle aufzeigt, sondern auch Vertretungen. So wird schnell klar, wo wer zu finden ist. Auch geplante Projekte und Angebote werden in den Dienstplan aufgenommen. Alle Kolleg*innen verpflichten sich, vor Dienstbeginn auf den Plan zu schauen.

10. Die ständige telefonische Erreichbarkeit ist durch eine **Telefonsprechstunde** von 12 bis 14 Uhr ersetzt worden. Es gibt nur noch ein Festnetztelefon. Diensthandys wurden abgeschafft. Dadurch können die Erzieher*innen ungestörter arbeiten. Änderungen der Abholzeiten müssen eine Woche im Vorfeld angekündigt werden.

Zugegeben: Die Kita „Wolpertinger" gibt es nicht. Die zehn Strategien gibt es aber und zahlreiche Kitas haben Sie bereits umgesetzt. Wie ein Wolpertinger aus Elementen eines Hasen, eines Rehbocks und eines Fasans besteht, bestehen auch die gesammelten Mangelstrategien der Kita „Wolpertinger" aus vielen Einzelstrategien und einem kleinen bisschen Fantasie.

Passen die zehn Strategien in euer Team?
Besprecht die zehn Strategien im Team: Was könnt ihr für euch adaptieren? Was könnt ihr mit einigen Änderungen umsetzen? Was wollt ihr unter gar keinen Umständen machen? Nutzt die Walt-Disney-Technik (siehe S. 90), um zunächst zu träumen, dann zu kritisieren und am Ende zu realisieren.

DIE WALT-DISNEY-TECHNIK

Eine moderne Legende erzählt, wie diese Technik angeblich erfunden wurde[9]: Der gleichnamige Gründer des Film- und Zeichentrick-Imperiums Walt Disney soll vor über 100 Jahren mit seinen ersten Mitarbeitenden beisammengesessen und über neue Projekte nachgesonnen haben. Die einen träumten dabei wild drauflos und stellten eine neue Idee nach der anderen zur Verfügung. Die anderen meckerten und kritisierten und benannten Probleme und Einschränkungen. Wieder andere machten sich direkt ans Werk und suchten nach umsetzbaren, kleinschrittigen Lösungen. Das wurde Walt Disney zu viel. Er ließ zuerst die Träumer*innen reden. Sie durften neue Ideen, Visionen und Zukunftsmusik von sich geben. Als Nächstes kamen die Kritiker*innen dran. Sie durften nach Herzenslust Kritik an den Ideen und Träumen üben, ihre Zweifel und Bedenken äußern. Zuletzt waren die Realist*innen an der Reihe. Sie verknüpften Idee und Kritik und suchten nach gangbaren, kleinschrittigen Lösungen.

Die Walt-Disney-Technik setze ich auch heute in vielen Teams ein, um kreative Ideen zu generieren. Bezogen auf die Organisation eines Sommerfestes, würde man zuerst die Träumer*innen sprechen lassen. Sie wünschen sich Einhornreiten und Hüpfburgen und Eismaschinen und eine Cocktailbar. Dann würde man die Kritiker*innen auf die Ideen loslassen. Sie bemängeln, was alles zu teuer, zu ungesund und unpädagogisch ist. Dann würden die Realist*innen einzelne Puzzleteile aussondern und möglich machen. Statt Einhornreiten bietet man ein Steckenpferd-Rennen an, statt der Eismaschine gibt es eine Candybar und statt der Hüpfburg ein Trampolin.

Bezogen auf die zehn Ideen der Kita „Wolpertinger", hilft euch die Walt-Disney-Technik dabei, offen und wohlwollend auf die Punkte zu reagieren. Nimm dir zunächst vor, wie ein*e weltoffene*r Träumer*in alle Punkte wertschätzend anzuhören. Lasse dich in eine Traumwelt fallen, in der alles möglich ist. Wechsle dann die Rolle, um als Kritiker*in deine Bedenken zu äußern. Wechsle erneut die Rolle, um als Realist*in Kompromisse zu finden. Wenn ihr die Ideen als Team durchgeht, diszipliniert euch gemeinsam und bleibt z. B. jeweils fünf Minuten geschlossen in jeder der drei Rollen. Nach meiner Erfahrung haben neue Ideen in der heutigen Zeit einen schwierigen Start. Mit dieser Technik aber gebt ihr ihnen eine faire Chance.

[9] Gessler u. a. 2016, S. 2072.

Säule 4: TEAMGEIST

Wie schon im Kapitel über die Teamressourcen angemerkt, höre ich in meinen Trainings häufig, dass allein die Rahmenbedingungen daran schuld seien, wenn es im Team nicht rundläuft. Dabei habe ich in den letzten Jahren eine erstaunliche Beobachtung gemacht: Auch Teams, die unter paradiesischen Bedingungen arbeiten, sind unzufrieden und beschweren sich über die äußeren Umstände.

Kitas und ihre Rahmenbedingungen
In einer kleinen Stadt gibt es vier Kitas. Sie alle unterscheiden sich hinsichtlich ihrer Rahmenbedingungen und ihrer Teamresilienz.

Am Morgen öffnet die **„Sonnenschein"-Kita** die Türen und alles geht glatt. Die Kinder lachen, die Eltern sind dankbar und die Gespräche laufen rund. Alle Kolleg*innen sind gesund, es gibt einen perfekten Betreuungsschlüssel. Das Essen kommt pünktlich auf den Tisch, es gibt genug Räume und Möbel für die ganze Bande. Beim Basteln geht alles glatt, die Kinder spielen auf dem Klettergerüst, ohne sich zu streiten. Stelle dir vor: Das Team der „Sonnenschein"-Kita macht nachmittags Feierabend und alle sind glücklich und zufrieden. Kein Wunder?

In der **Kita „Nimmersatt"** stimmen ebenfalls alle Rahmenbedingungen. Die Kinder sind heute ruhig, keine Krankmeldungen, der Personalschlüssel ist luxuriös, die Räumlichkeiten sind neu und die Kita liegt in einem denkbar angenehmen Einzugsgebiet. Trotzdem sind die Teammitglieder am Nachmittag ausgelaugt, überfordert und unzufrieden.

Auch die **„Donnerwolken"-Kita** öffnet die Türen und irgendwie ist heute der Wurm drin. Ein paar Kinder schreien den ganzen Tag lang durch. Die Eltern sind besonders fordernd und die Gespräche ziehen sich unerträglich in die Länge. Das Essen kommt zu spät, die Spülmaschine fällt aus. Im eh viel zu engen Essensraum geht auch noch der letzte Erzieherstuhl kaputt. Ein Kind schneidet sich beim Basteln in den Finger, zwei Kinder ziehen sich auf dem Klettergerüst an den Haaren. Das Team der „Donnerwolken"-Kita macht nachmittags Feierabend, alle sind k. o., zwei Kolleg*innen streiten sich lautstark auf dem Parkplatz, die Praktikantin fragt sich, ob sie wirklich Erzieherin werden möchte, und alle blicken mit Angst und Entsetzen auf den nächsten Tag.

Am gleichen Morgen öffnet auch die **„Regenbogen"-Kita** die Türen. Zwar ist heute genauso der Wurm drin wie in der „Donnerwolken"-Kita. Irgendwie scheint heute wirklich alles schiefzugehen. Aber stelle dir vor: Das Team der „Regenbogen"-Kita macht nachmittags Feierabend und trotzdem sind alle glücklich und zufrieden.

Wir sehen an diesen vier Kitas, dass es nicht nur an den Rahmenbedingungen liegen kann, wenn es einigen Teams besser geht als anderen. Hervorzuheben ist hier das Team der „Regenbogen"-Kita. Das Team schafft es, trotz mangelhafter Umstände gute Stimmung zu bewahren. Sein Geheimnis? Teamgeist! Die Mitarbeitenden haben es geschafft, Strategien zu entwickeln, um auch in schwierigen Zeiten gemeinsam stark zu sein.

		Rahmenbedingungen gut?	
		Ja	**Nein**
Teamgeist vorhanden?	**Ja**	**„Sonnenschein"-Kita** Mitarbeitende sind energiegeladen und glücklich.	**„Regenbogen"-Kita** Mitarbeitende sind energiegeladen und glücklich.
	Nein	**„Nimmersatt"-Kita** Mitarbeitende sind abgekämpft und unglücklich.	**„Donnerwolken"-Kita** Mitarbeitende sind abgekämpft und unglücklich.

Teamgeist vs. Rahmenbedingungen

Wenn Teamstrukturen ein Mauerwerk sind, ist Teamgeist der Kitt, der die Steine zusammenhält. Teamgeist ist nicht messbar oder greifbar. Er setzt sich zusammen aus Motivation, Zuneigung, Vertrauen und würde sicherlich auch der „Donnerwolken"-Kita und der „Nimmersatt"-Kita helfen. Bisher haben sie noch keine guten Strategien entwickeln können, um in Krisensituationen stark aufzutreten. Was genau Teamgeist eigentlich ist und wie wir ihn weiterentwickeln können, wird in diesem Kapitel erklärt.

ZWISCHEN ÜBERFORDERUNG UND UNTERFORDERUNG – DAS FLOW-MODELL

Der Flow (engl. „fließen") ist ein Phänomen, das die vollkommene und erfüllende Vertiefung in Projekte und Arbeitsprozesse beschreibt. Im Flow-Zustand sind wir in einer Art Trance, die uns Zeit, Hungergefühl oder Müdigkeit für einige Zeit vergessen lässt. Der Flow ist, so gesehen, die Königsdisziplin jeder Motivationsbemühung.

Der chaotische Weihnachtsmarkt

Der kleine Weihnachtsmarkt des Elternvereins ist eine Mammutaufgabe für alle Helfer*innen. Am ersten Abend gibt es zu wenige Becher, ein Glühweintopf funktioniert nicht, niemand hat an Kinderpunsch gedacht und der Grill gibt seinen Geist auf. Einige Helfer*innen müssen noch einmal einkaufen fahren, andere spülen im Akkord und organisieren einen neuen Grill und Holzkohle von der freiwilligen Feuerwehr. Die Stimmung droht zu kippen, doch irgendwie läuft der Weihnachtsmarkt weiter. Obwohl die Helfer*innen überall und immer etwas zu tun haben, schaffen sie es kaum, selbst einmal einen Crêpe zu essen oder einen Glühwein zu trinken. Trotzdem ist jede*r einzelne von ihnen glücklich und angetrieben von einer stetigen, positiven Energiequelle.

Als die ersten Besucher*innen gehen und die Schlangen an den Ständen kleiner werden, atmen die Helfer*innen zum ersten Mal bewusst durch. Sie sind voll und ganz zufrieden. Die Arbeit im Team ist für sie sinnvoll und erfüllend gewesen. Die anfängliche Panik hat sich schnell in ein zeitloses Gefühl von freudiger Selbstwirksamkeit verwandelt.

Im Flow zu sein, ermöglicht es uns, konzentriert und resistent gegen Ablenkung zu arbeiten. Der Flow gibt uns Energie, kräftigt uns. Doch wie kommt man in den Flow? Und kann man ihn bewusst erzeugen? Der ungarische Psychologe Mihály Csíkszentmihályi, der das Phänomen des Flows erstmals beschrieben hat[10], sieht in den Faktoren Fähigkeiten und Anforderungen die Voraussetzungen für ein Flow-Erlebnis. Sind unsere Fähigkeiten und die Anforderungen unserer Aufgabe im Gleichgewicht, kann ein Flow entstehen, in dem wir motiviert und glücklich arbeiten. Wir verlieren das Gefühl für die Zeit und fühlen uns beschwingt und voller Energie. Übersteigen die Anforderungen unsere Fähigkeiten, fühlen wir uns überfordert. Umgekehrt tritt eine Unterforderung ein. In beiden Fällen kann es zu Stress, Wut, Unruhe, Frust und anderen Gefühlen kommen.

[10] Franz 2020, S. 43 ff.

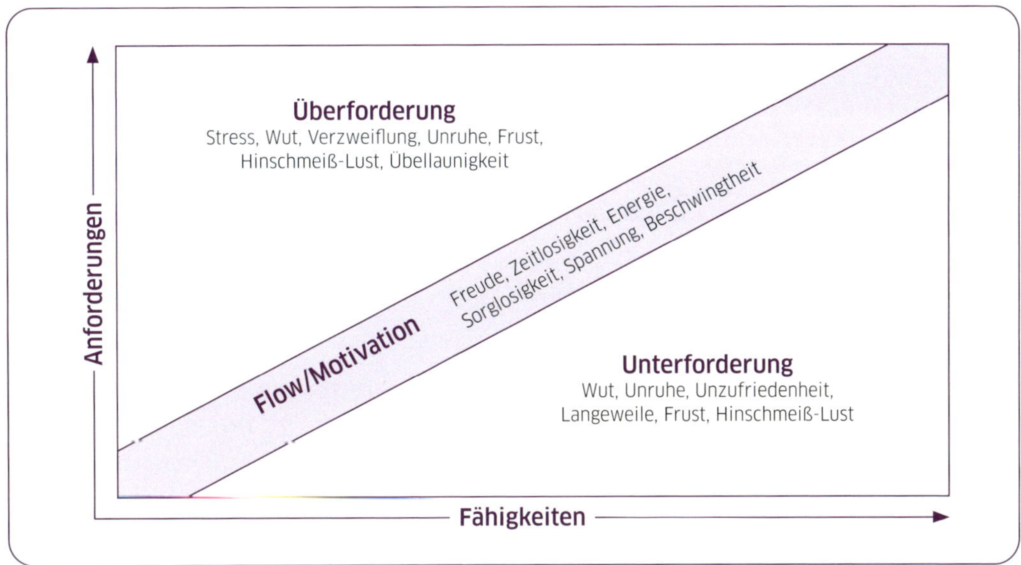

Das Flow-Modell (nach Csíkszentmihályi[11]) und die Gefühle, die in den drei Zuständen eintreten können

Wie sich ein Ungleichgewicht von Anforderungen und Fähigkeiten auf die Arbeit von Mitarbeitenden einer Kita auswirken kann, zeigt das folgende Fallbeispiel.

Über- und Unterforderung in der Kita (Teil 1)

1. Die neue Kollegin Pinar kommt frisch von der Berufsschule. An ihrem ersten Arbeitstag sind vier Kolleg*innen krank und Pinar erhält keine richtige Einarbeitung. Sie ist sofort mit 15 Kindern allein. Der Tag bringt ständig neue Herausforderungen. Um 15 Uhr muss sie spontan eine kranke Kollegin in einem Elterngespräch vertreten. Um 16 Uhr ist Pinar froh, dass alle Kinder noch leben und sich keine Eltern beschwert haben. Auf dem Heimweg denkt sie darüber nach, ob Erzieherin wirklich ihr Traumberuf ist.

2. Imke hat vier Jahre als Zahnarzthelferin gearbeitet und fängt nun hochmotiviert eine PiA-Ausbildung zur Erzieherin an. An ihrem ersten Arbeitstag bittet die Praxisanleiterin sie, erst einmal das Kita-Konzept durchzulesen. Als Imke damit fertig ist, soll sie sich in Ruhe alle Spielsachen der Kinder anschauen. Und die Puzzles durchzählen. Und die Bauklötze nach Farben sortieren. Imke begibt sich zunehmend lustlos an die neuen Aufgaben. Als sie an diesem Tag nach Hause geht, ist sie frustriert und denkt darüber nach, ob der Job als Zahnarzthelferin nicht doch noch attraktiv für sie wäre.

[11] Franz 2020, S. 49.

3. Erzieherin Agnes leitet die Kita „Hand in Hand“ schon seit 20 Jahren. Sie hat ihren Job immer als Traumjob gesehen – und trotz aller Widrigkeiten hört sie immer wieder den Satz: „Wie schaffst du das nur?“ Seit einem halben Jahr kommt Agnes aus privaten Gründen nicht mehr so erholt zur Arbeit. Der Bürokram, die Urlaubsanträge, die Kolleg*innen, die gesetzlichen Anforderungen, das alles wird plötzlich etwas zu viel für sie. Oft kommt sie schon mit hängenden Schultern in die Kita. Und wenn die Kolleg*innen den Satz „Wie schaffst du das nur?“ sagen, klingt es inzwischen irgendwie mitleidig.

Menschen, die wie Pinar mit noch wenig Fähigkeiten direkt ins kalte Wasser geworfen werden, fühlen sich **überfordert**. Gleiches gilt für Menschen, deren Fähigkeiten wie bei Agnes z. B. durch Krankheit, Alter oder Überarbeitung zurückgehen. Damit sie bei der Stange bleiben, ist ein gewisser Ehrgeiz und viel Durchhaltevermögen erforderlich.

Menschen, die schon Jahre im Job sind – auch wenn es fachfremd ist –, bringen mehr Erfahrung mit, als für das Durchzählen eines 20-teiligen Puzzles erforderlich ist. Daher ist es nicht verwunderlich, dass Imke im Fallbeispiel **unterfordert** ist.

Bei allen drei Erzieherinnen befinden sich ihre Fähigkeiten nicht im Gleichgewicht mit ihren Anforderungen. Um in den attraktiven Flow zu gelangen, müssen sie sich bewegen.

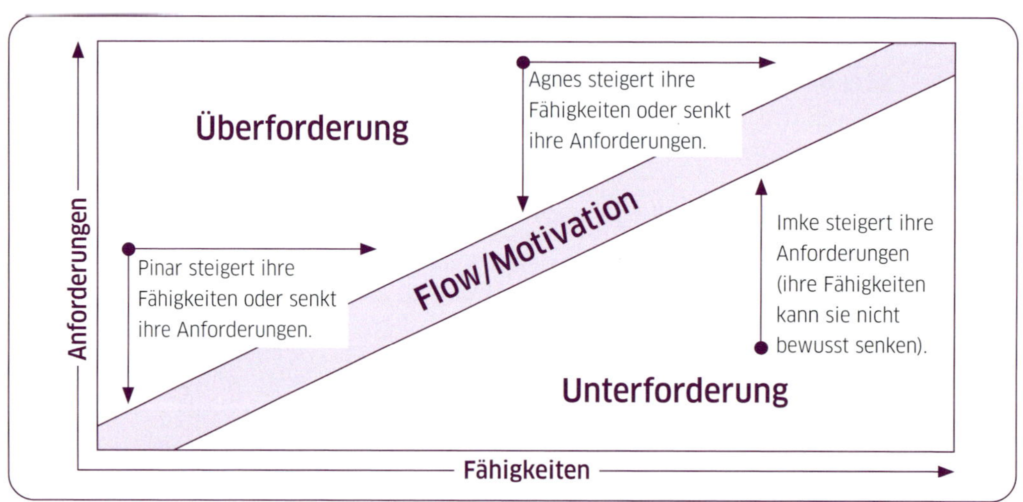

Die drei Punkte symbolisieren die Lage der drei Erzieherinnen im Spannungsfeld zwischen Anforderungen und Fähigkeiten. Um in den Flow zu kommen, müssen sie sich bewegen.

Sind wir überfordert, haben wir zwei Möglichkeiten, uns in Richtung Flow zu bewegen: Wir können unsere Fähigkeiten ausbauen oder die Anforderungen abbauen. Aus der Unterforderung führt praktisch nur ein Weg in den Flow: Wir müssen Anforderungen ausbauen. Denn den theoretischen Abbau von Fähigkeiten können wir in der Regel nicht aktiv beeinflussen. Oder hast du schon einmal versucht, zu vergessen, wie man eine erfahrene Leitung ist? Das ist wahrscheinlich unmöglich.
Im Team bieten sich Möglichkeiten, aus der Über- oder Unterforderung herauszukommen, indem die Teammitglieder beispielsweise Aufgaben tauschen, sodass ein neues und besseres Gleichgewicht für jede*n entsteht.

Über- und Unterforderung in der Kita (Teil 2)
Pinar, Imke und Agnes in der Kita „Hand in Hand" versuchen, durch geschickte Kombination ihrer Über- und Unterforderungen jeweils wieder in einen guten Flow zu kommen.

- Zunächst sprechen die drei Kolleginnen miteinander und klären, inwiefern sie über- bzw. unterfordert sind.
- Leitung Agnes gibt einige Verwaltungsaufgaben an die ehemalige Zahnarzthelferin Imke ab (Abbau der Anforderungen), für die es ein Kinderspiel ist, Excellisten zu erstellen und einen Elternbrief aufzusetzen (Aufbau der Anforderungen).
- In der gewonnenen Zeit kann Agnes einige Stunden in den Gruppendienst, wo sie zwischen den quirligen Kindern wieder neue Inspiration und Motivation für ihren Erzieherinnenberuf tankt (gleichzeitiger Ab- und Aufbau der Anforderungen).
- Berufseinsteigerin Pinar übernimmt Imkes Job, die Puzzles und Spiele auf Vollständigkeit zu prüfen, und verschafft sich nebenbei einen guten Überblick über die Kinder in den jeweiligen Gruppen, die nun neugierig auf sie zukommen und sich langsam an sie gewöhnen (Abbau der Anforderungen und Aufbau der Fähigkeiten).

Blitzveränderungs-Tipp
Was die einen überfordert, ist für andere ein Kinderspiel. Sprecht über diese Punkte, um euch gegenseitig zu entlasten. Denkt dabei nur an Stichworte wie Digitalisierung, Partizipation, Dokumentation, Antragstellung oder Elterngespräche.

Achtung!
Die Angst vor Überforderung lässt viele Menschen lieber jahrelang in einer unbefriedigenden Unterforderung verharren, als dass sie sich bewegen. In einem Teamtraining sagte einmal eine Erzieherin: „Wenn ich die Wahl habe zwischen Über- und Unterforderung, dann nehme ich doch lieber das Zweite!" Bedenke dabei immer, dass die Überforderung zwei Wege in den Flow zulässt, die Unterforderung aber nur einen.

Nicht nur einzelne Menschen können in der Über- und Unterforderung festsitzen. Auch ganze Teams stecken oft in einem der beiden Zustände fest und werden dabei gemeinschaftlich handlungsunfähig.

Tipps für Teams, die unterfordert sind

- Sucht euch eine neue Herausforderung, z. B. die Zertifizierung der Einrichtung zur Literatur- oder Bewegungskita. Das wird euch vielleicht zunächst vor eine Überforderung stellen, dann aber schnell zu einem Ansporn für alle werden.
- Probiert ein neues pädagogisches Konzept aus, z. B. das offene Konzept, wenn ihr vorher in Gruppen gearbeitet habt.
- Nehmt vermeintlich herausforderndere Kinder bzw. Familien bei euch auf.
- Schickt einzelne Mitarbeitende zur Hospitation in andere Teams, von denen ihr wisst, dass dort jeden Tag Stress und Überforderung herrschen. Dann wissen eure eigenen Mitarbeitenden die Arbeit im Heimatteam wieder mehr zu schätzen.

Tipps für Teams, die überfordert sind

- Reduziert kleinschrittig einige Alltagsaufgaben, um auf einem Level anzukommen, wo die Anforderungen genau euren Fähigkeiten entsprechen.
- Schickt einzelne Mitarbeitende auf hilfreiche Fortbildungen und bittet sie, die Inhalte in den nächsten Teamsitzungen schrittweise vorzustellen.
- Verteilt die Aufgaben und Zuständigkeiten neu. Sprecht darüber, wer sich von welcher Aufgabe am meisten überfordert fühlt, und tauscht untereinander mit dem Ziel, dass jede*r ein paar anspruchsvolle gegen weniger anspruchsvolle Aufgaben einlöst.

Denken wir noch einmal an die Bedrohungsmatrix aus der Einleitung zurück (siehe S. 9). Die meisten Bedrohungen wirken sich unmittelbar auf das Gleichgewicht von Über- und Unterforderung aus. Meistens fördern Bedrohungen eine Überforderung. Das gilt für alle Bedrohungen sowohl von innen als auch außen, sowohl für Stress als auch für Störungen.

Dennoch ist es ein schönes Gedankenexperiment, nicht alle Bedrohungen sofort zu verteufeln, sondern als neue Ressource zu sehen, die wir für das Flow-Konzept gut gebrauchen können. Bei jeder neuen Bedrohung könntet ihr euch als Teamleitung also im Rahmen dieses Gedankenexperiments fragen:

1. Bietet mir die Bedrohung eine anspruchsvolle Anforderung, die ich benötige, um einzelne Teammitglieder aus der Unterforderung zu holen? So kann ein herannahendes Gewitter dazu führen, dass das Außengelände heute wesentlich schneller aufgeräumt wird als sonst.

2. Bietet mir die Bedrohung eine Anforderung, die anspruchslos genug ist, um einzelne Teammitglieder aus der Überforderung zu holen? Werde ich z. B. dazu angehalten, sämtliche Bilder und Bastelarbeiten aus Brandschutzgründen aus den Fluren zu entfernen, kann ich mit dieser Aufgabe kurzzeitig eine Erzieherin entlasten, die mit dem Geräuschpegel in der Gruppe nicht klarkommt.

3. Bietet mir die Bedrohung genau die Beschäftigung, die einzelne Teammitglieder oder sogar das gesamte Team für eine Weile in den Flow-Zustand versetzt? Fällt z. B. der Caterer am Tag der offenen Tür aus, müssen blitzschnell Würstchen und Stockbrot organisiert und selbst zubereitet werden und das Team rückt durch den zusätzlichen Stress näher zusammen.

PROBLEME UND LÖSUNGEN – DAS MAULWURF-MODELL

2021 habe ich in einer pädagogischen Einrichtung ein Teamtraining abgehalten. Im Team schien es große Vorbehalte gegen das Training zu geben und bereits in der Einstiegsrunde wurde klar, dass die Problemsicht in diesem Team extrem ausgeprägt war. Das Team sah nur noch das Schlechte, das Bedrohliche, den Stress, die Gefahren. Man könnte sogar von einer Abwärtsspirale der Problemsicht sprechen, da sich mit jeder neuen Anforderung von außen das Gefühl verstärkte, fremdgesteuert und machtlos zu sein. Die Atmosphäre wurde immer negativer. Schnell war ich im Klagekarussell dieses überarbeiteten Teams gefangen. Mir war klar, dass sich das Team in großer Not befand und eine radikale Umdenkstrategie brauchte. Zu diesem Zweck entwickelte ich das Maulwurf-Modell, das diesem Team und darüber hinaus bis heute vielen anderen Teams geholfen hat, sich aus einer Abwärtsspirale der Problemsicht zu befreien. Das Modell beginnt mit einer Geschichte.

Lösungen für den Zauberstab
Bevor du weiterliest, notiere dir fünf Punkte, die aktuell in deiner Einrichtung ein Problem darstellen und für deren Lösung du nichts weniger als einen Zauberstab bräuchtest.

Es ist ein schöner, sonniger Herbsttag. Bert Mopke mäht den Rasen. In der Ferne zieht ein Gewitter auf. Bert Mopke möchte mit dem Mähen fertig sein, bevor das Gewitter beginnt. Auf der Wiese der Familie Mopke steht ein Apfelbaum. Berts Ehefrau Barbara Mopke möchte einen Apfelkuchen backen. Sie streckt den Kopf aus dem Fenster und ruft ihrem Mann zu: „Bert, hol mir doch bitte ein paar Äpfel vom Baum. Für Kuchen!" Bert liebt Apfelkuchen. Aber den Rasen will er auch noch mähen. Er ist einen Moment lang unentschlossen, dann lässt er den Rasenmäher stehen. Er flitzt zum Schuppen, holt die Leiter und eilt zum Apfelbaum.

Maulwurf-Modell: Bert Mopke und der Apfelbaum

Welche Motivationsfaktoren treiben Bert Mopke in diesem Moment an? Wir können dabei Motivatoren, die aus der Tätigkeit selbst herrühren (intrinsische Motivation), und Motivatoren aufgrund zusätzlicher, äußerer Anreize (extrinsische Motivation) unterscheiden. Nicht alle Motivationsfaktoren werden in Berts Bewusstsein auftauchen, einige werden ihn auch unbewusst antreiben:

- Die **extrinsische Motivation** entsteht durch lockende und treibende Faktoren. Die lockenden Faktoren sind die Äpfel, der Apfelkuchen, das Lob der Ehefrau. Die treibenden Faktoren sind sicherlich das Gewitter, aber auch eine eventuelle Auseinandersetzung mit der Ehefrau, wenn Bert ihrer Bitte nicht nachkommt. Extrinsische Motivation wird im Arbeitskontext häufig mit materiellen Gütern oder mit der Gewährung oder dem Entzug bestimmter Privilegien verbunden.
- Die **intrinsische Motivation** beschreibt Berts Hingabe für Gartenarbeit und Erntetätigkeiten, seine Lust, auf Leitern zu steigen, und die Freude daran, seiner lieben Frau einen Gefallen zu tun. Das Belohnungssystem in dieser Motivationsform läuft innerlich und immer nicht materiell ab. Im Arbeitskontext eines Erziehers bzw. einer Erzieherin wäre die intrinsische Motivation die Freude daran, mit Kindern zu arbeiten und ihnen einen guten Start auf ihrem Lebensweg zu ermöglichen.

Man geht heute davon aus, dass rein extrinsische Motivatoren einen Menschen zwar nicht nachhaltig in der Motivation halten, ihn aber dennoch anspornen und auf Kurs halten können. Rein intrinsische Motivatoren reichen auch nicht immer aus. Ich erlebe z. B. in den letzten Jahren immer häufiger, dass ausgebildete Erzieher*innen von der Offenen Ganztagsschule (OGS) in den Kindergarten wechseln, obwohl sie die Arbeit mit Grundschulkindern viel lieber mögen als die Arbeit mit Kleinkindern. Der Grund? In der OGS werden in den seltensten Fällen volle Stellen ausgeschrieben, in der Kita hingegen schon. Der extrinsische Faktor Gehalt (um eine Familie zu ernähren) ist in diesem Fall stärker als die intrinsische Motivation, mit Sechs- bis Zehnjährigen zu arbeiten.

Nun aber weiter mit der Geschichte: *Bert eilt mit der Leiter unterm Arm in Richtung des Apfelbaums. Während er schon darüber nachdenkt, ob es gedeckten Apfelkuchen oder einen Apfel-Streusel-Kuchen gibt, ist er einen kleinen Moment unachtsam. Just in diesem Moment schiebt ein Maulwurf Erde aus seinen Gängen heraus und ein Maulwurfshügel türmt sich oberhalb der Grasnarbe auf. Bert, der den Blick auf die Äpfel hoch oben im Baum gerichtet hat, tritt direkt auf den Haufen. Zu seinem Pech hat er nur seine Sommerschuhe an. Er knickt um und verstaucht sich den Knöchel.*

Was ist nun das Problem in der Geschichte? Diese Frage stelle ich an dieser Stelle auch in meinen Seminaren. Und dann passiert in der Regel etwas Erstaunliches: Wenn das Wort „Problem“ erst einmal im Raum ist, nennen die meisten Menschen blitzartig Faktoren, die augenscheinlich *schuld* an dem kleinen Gartenunfall sind. Und so kommt es, dass häufig der Maulwurf als Schuldiger benannt wird: ein kleines, entzückendes, beinahe blindes Geschöpf, welches nur seinen Instinkten folgt.

Oft wird auch die Ehefrau genannt, weil sie ihrem Mann Druck macht, oder Bert, weil er nur leichte Sommerschuhe anhat.
Das erleben wir auch im Alltag. Die meisten Menschen können schnell Ursachen und Schuldige für Probleme benennen: „Wegen des Staus konnte ich nicht pünktlich kommen!" oder „Steffi hat mir nicht gesagt, dass die Fortbildung erst um 9 Uhr startet!" Tatsächlich hilft das Benennen von Schuldigen meist nicht weiter, wenn wir Probleme identifizieren und Lösungen suchen wollen.
Wenn wir uns auf die Suche nach einer Lösung machen, ist es hilfreich, zunächst einmal die Begriffe Einschränkung und Problem zu unterscheiden:

- Der verstauchte Knöchel ist eine **Einschränkung**, weil Bert Mopke nun für einen längeren Zeitraum damit leben muss. Er kann es weder rückgängig machen noch kurzfristig verändern.
- Aus einer Einschränkung resultieren zahlreiche Probleme. Bert kann beispielsweise mit dem verstauchten Knöchel nicht Auto fahren oder den Garten umgraben. Für die konkrete Geschichte gibt es aber nur ein einziges, wirklich **relevantes Problem**: Bert kann mit dem verstauchten Fuß nicht mehr auf die Leiter klettern. Das Problem ist nun definiert als ein Umstand, der auftritt, weil wir den ursprünglich geplanten Lösungsweg nicht mehr verfolgen können.
  Das Verrückte daran ist: Für viele Situationen in Berts Leben stellt dieses Problem gar keine Herausforderung dar. Z. B. könnte Bert ohne Weiteres seine Rechnungen per Onlinebanking zahlen, obwohl er nicht auf eine Leiter steigen kann. Nur in Berts aktueller Situation im Garten ist das Problem tatsächlich ein Problem.
- Aus einer Einschränkung resultieren immer auch für meine aktuelle Situation **nicht relevante Probleme**. Ich muss auch hier entscheiden, welchem Problem ich mich widme. Wenn sich z. B. meine alleinstehende Kollegin Sieglinde für vier Wochen krank meldet, ist Problem 1, dass ich ab morgen allein in der Gruppe stehe. Problem 2 ist, wie Sieglinde ihre Einkäufe und ihren Haushalt schaffen wird. Nicht immer ist es sinnvoll, sich über Problem 2 den Kopf zu zerbrechen, wenn Problem 1 noch nicht behandelt wurde.

Übertragen auf die Kita, ist es ab jetzt deine Aufgabe, alles, was gemeinhin als Problem bezeichnet wird, genauestens zu überprüfen: Geht es um eine unveränderbare Einschränkung, z. B. die Tatsache, dass eine Kollegin für vier Wochen krankgeschrieben ist? Oder geht es vielmehr um das daraus resultierende Problem, z. B. um die Tatsache, dass eine gute Betreuung der Kinder in der roten Gruppe nicht mehr gewährleistet werden kann?

Blitzveränderungs-Tipp
Die Benennung eines Problems geht oft mit Hilflosigkeit oder Empörung einher. Die Benennung einer Einschränkung kann fast anspornend wirken und Motivation im Sinne von „Denen zeigen wir es jetzt!“ freisetzen.

Problem oder Einschränkung?
Zu Beginn des Kapitels habe ich dich gebeten, fünf Punkte aus deinem Kita-Alltag aufzulisten, die du nur mit einem Zauberstab verändern könntest. Schaue dir deine Liste an: Welche dieser Punkte zielen auf eine Einschränkung, welche auf ein Problem ab?

Weiter in der Geschichte: *Noch immer befinden wir uns im Garten der Familie Mopke. Bert kann seinen ursprünglichen Plan, mit der Leiter in den Baum zu klettern, nicht weiterverfolgen. Er könnte sich nun aufs Sofa setzen, die Beine hochlegen und schmollen. Er könnte seiner Frau Vorwürfe machen, weil sie ihn überhaupt erst zum Apfelpflücken verleitet hat. Er würde damit sicherlich viel Zeit und Raum für Ärger und Streit schaffen – aber die Äpfel würden am Baum bleiben. Aber Herr Mopke beschließt, nicht aufzugeben. Er nimmt die Herausforderung an. Diese besteht nun darin, trotz allem an die Äpfel heranzukommen.*

Wer angesichts eines Problems nicht die Flinte ins Korn wirft, nimmt die **Herausforderung** an. Und nur, wer eine Herausforderung angenommen hat, kann **Lösungen** finden. In einem Punkt sind sich an dieser Stelle alle Seminarteilnehmenden einig: Es gibt viele Wege, um trotz allem an die Äpfel zu kommen. Bert könnte z. B. ...

seinen Sohn bitten, ihm beim Pflücken zu helfen
... den Baum schütteln
... seine Frau bitten, hochzuklettern
... einen Apfelpflücker benutzen
... einen Stock oder Schuh in den Baum werfen
... einzelne Früchte tragende Äste absägen
... den Baum fällen
... auf Fallobst warten

Welche allgemeinen Erkenntnisse lassen sich nun aus der Geschichte von Bert Mopke ableiten?

1. Das Kreisen um ein Problem bringt uns der Lösung nur näher, wenn wir die Herausforderung annehmen. **Ein Problem ist immer unlösbar**. Eine Herausforderung hingegen ist fast immer lösbar.

2. Der Apfelpflücker ist eine gute Lösung für die Herausforderung. Er kann zwar keinen gebrochenen Knöchel heilen und auch nicht das Problem lösen, dass Bert nicht auf die Leiter kann. Aber er verschafft der Familie Mopke Äpfel für den Kuchen. **Lösungen sind wertvoll, auch wenn sie ein Problem nicht lösen**.

3. Manchmal verschafft uns erst die Beschäftigung mit dem Problem einen Zugang zu Lösungen. In unserem Fall hätte Bert Mopke für die Lösungen aber nicht unbedingt einen verstauchten Knöchel gebraucht. Er hätte von Anfang an einen Schuh in den Baum werfen können. Vielleicht wäre er dadurch erst gar nicht in Kontakt mit dem Maulwurfhaufen gekommen. Im systemischen Coaching sagt man auch: **Nicht jede Lösung erfordert ein Problem!**

4. Schon ein **kleiner Perspektivenwechsel** lässt den gleichen Umstand ganz anders aussehen: Ein Herr Mopke, der auf der Couch schmollt, merkt gar nicht, dass das Fallobst ganz von allein vom Baum herunterkommt. Ein Herr Mopke, der aktiv auf das Fallobst wartet, hat eine Lösung durch scheinbares Nichtstun erreicht.

So setzt du das Maulwurf-Modell sofort um

- **Einschränkungen akzeptieren:** Beiße dir nicht mehr die Zähne an Dingen aus, die du nicht ändern kannst.
- **Probleme ableiten:** Versuche, genau herauszufinden, ob und, wenn ja, wie dich die Einschränkungen berühren und dir und deinem Team schaden.
- **Herausforderung annehmen:** Entscheide, welche dieser Probleme für dich die relevantesten sind, und leite Ziele daraus ab.
- Entwickle allein oder mit deinem Team gangbare **Lösungen**.

DAS MAULWURF-MODELL UND DER FACHKRÄFTEMANGEL

Spielen wir das Maulwurf-Modell anhand des Fachkräftemangels durch: Die **Einschränkung** – der leer gefegte Arbeitsmarkt – können wir nicht verändern. Daraus resultieren zahlreiche **Probleme**:

- **Problem 1:** Durch den Personalmangel herrscht eine schlechte und angespannte Stimmung im Team und immer wieder werden Mitarbeitende krank. Daraus resultiert die **Herausforderung**: Wie kann ich für eine bessere Stimmung im Team sorgen? Die Lösung ist leider nicht, mehr Fachkräfte einzustellen, denn das wäre eine direkte – und völlig unmögliche – Antwort auf die Einschränkung. Mögliche **Lösungen** sind etwa: Wir machen einen Ausflug, wir holen uns einen Teamtrainer zum Konzeptionstag dazu, wir bringen jeden Montag einen Kuchen mit, wir klären die Eltern über die Auswirkungen des Fachkräftemangels auf und richten Notfallpläne ein.
- **Problem 2:** Aus der Einschränkung Fachkräftemangel resultiert auch das Problem mangelhaftes Betreuungsverhältnis. Die **Herausforderung** könnte nun lauten: Wie können wir alle Kinder pädagogisch wertvoll betreuen? Eine mögliche **Lösung** wäre: Wir legen Gruppen zusammen und verbringen mehr Zeit mit Freispiel.

Das Maulwurf-Modell soll Leitungen und Teams aus dem Klagekarussell befreien und angesichts unüberwindbarer Einschränkungen wieder handlungsfähig machen. Aber ganz salopp gesagt: Ein selbst gebackener Kuchen wird den Fachkräftemangel nicht aus der Welt schaffen. Deshalb erfährt das Modell neben viel Zuspruch und Anerkennung immer wieder auch Kritik: „Es fühlt sich einfach nicht fair an, dass wir mit so einem komplexen Modell Lösungen für den Fachkräftemangel oder Krankenstände erarbeiten müssen, obwohl beide Einschränkungen nicht von uns selbst verursacht worden sind."
Ich stimme dieser Kritik zu! Natürlich können wir nicht ständig die Suppe auslöffeln, die andere uns eingebrockt haben. Kita-Teams brauchen also neben den schnellen Lösungsstrategien auch langfristige Pläne, wie sie Einschränkungen und Probleme abwehren können. Und dies lässt sich nur durch permanente politische und gesellschaftliche Präsenz, durch Öffentlichkeitsarbeit, aber auch durch klare Stopp-Signale bewirken.

ERWÜNSCHTES TEAMVERHALTEN VERSTÄRKEN

Kita-Fachkräfte kennen die Methode der operanten Konditionierung[12] aus dem täglichen Umgang mit den Kindern. Dabei erfahren Kinder für ein bestimmtes Verhalten entweder angenehme Konsequenzen oder unangenehme Konsequenzen, um erwünschtes Verhalten zu verstärken und unerwünschtes Verhalten zu unterdrücken. Die Methode beruht auf dem sogenannten „Effekt-Gesetz" von Edward Lee Thorndike (1874–1949). Es besagt, dass zufällig durchgeführte Handlungen dann häufiger auftreten, wenn sie positive Folgen haben. Wir unterscheiden vier grundlegende Möglichkeiten, um Verhalten durch Konsequenzen (Verstärkung oder Bestrafung) zu konditionieren:

- **Positive Verstärkung** erhöht die Wahrscheinlichkeit eines Verhaltens, indem eine angenehme Konsequenz eintritt (z. B. Lob, Belohnung).
- **Negative Verstärkung** erhöht die Wahrscheinlichkeit eines Verhaltens, indem eine unangenehme Konsequenz ausbleibt (z. B. keine Strafe, kein Schimpfen, keine bösen Blicke).
- **Positive Bestrafung** senkt die Wahrscheinlichkeit eines Verhaltens, indem eine unangenehme Konsequenz eintritt (z. B. Strafe, Schimpfen).
- **Negative Bestrafung** senkt die Wahrscheinlichkeit eines Verhaltens, indem eine angenehme Konsequenz ausbleibt (z. B. Entzug von Aufmerksamkeit, Zuneigung, Weihnachtsgeld).

Achtung!
Die Begriffe „positiv" und „negativ" nehmen keine Wertung vor. Positiv bedeutet, dass eine Konsequenz eintritt. Negativ meint, dass eine Konsequenz ausbleibt.

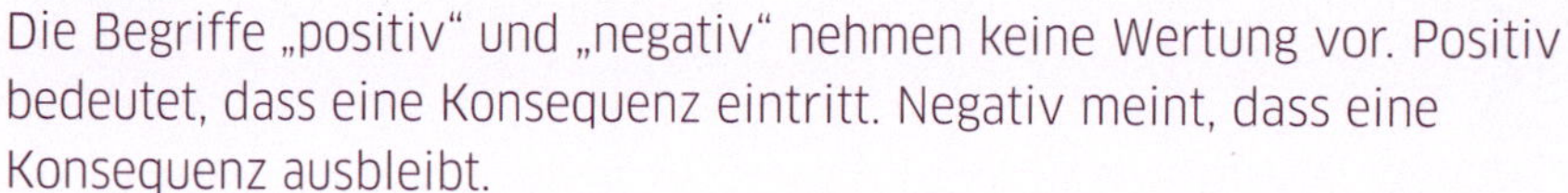

Die operante Konditionierung lässt sich auch auf dein Team anwenden. Stelle dir vor, einige Teammitglieder legen spontan Verhaltensweisen an den Tag, die weder bewusst teamfördernd gut noch bewusst teamschwächend sind. Erzieherin Fiona fällt beispielsweise während einer Teamsitzung auf, weil sie ständige Witze über andere Kolleg*innen macht. Die Teamleitung hat nun mehrere Möglichkeiten, darauf zu reagieren.

[12] nach B. F. Skinner (1938).

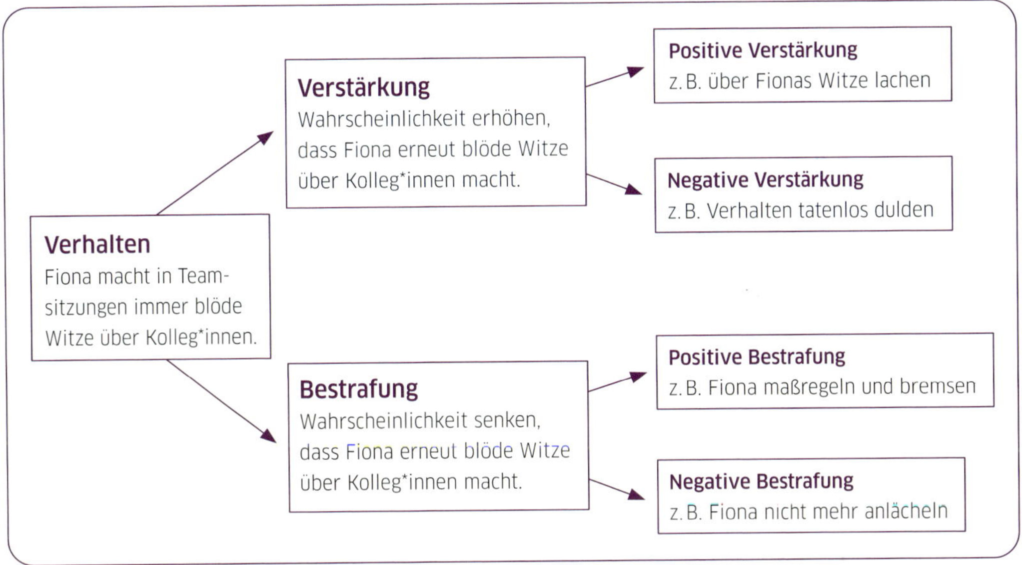

Operante Konditionierung: Jede Reaktion hat einen Einfluss auf das Verhalten.

Bemerkenswert ist es, dass *jede* Reaktion Fionas Verhalten konditionieren, also verstärken oder abschwächen wird. Selbst wenn die Teamleitung ihr Verhalten ignoriert, wird dies entweder verstärkend oder bestrafend wirken, je nachdem, ob sie Fiona wohlwollend-gütig, oder distanziert-kühl links liegen lässt.

Konditionierung und Verstärkerpläne sollten im Team nicht still und heimlich oder – schlimmer noch – intrigant eingesetzt werden, sondern für alle Beteiligten transparent sein. Ich stelle dir im Folgenden drei Möglichkeiten vor, Verstärkerpläne im Team einzusetzen.

DER GESCHENKEMARATHON

Die Methode habe ich selbst einmal in einer Fortbildung kennengelernt und nutze sie seitdem regelmäßig bei großen Gruppen. Zu Beginn eines Teamtages dürfen sich alle Teilnehmer*innen einen Edelstein aus einer kleinen Schatztruhe nehmen. Die Steine sind ein Geschenk. Trotzdem darf niemand seinen Stein behalten. Wie passt das zusammen?

Die Steine werden von dem*der aktuellen Besitzer*in nur aufbewahrt. Wenn jemand im Team etwas Großartiges sagt, die Gruppe zum Lachen bringt, eine tolle Idee hat oder für einen persönlichen Aha-Effekt sorgt, kann man ihm*ihr seinen Edelstein schenken. Das Ganze ist umso schöner, je öffentlicher die Geschenkübergabe gemacht wird, z. B. „Tobi, was du da gerade gesagt hast, finde ich total wichtig für unser Team. Du bekommst meinen Edelstein!" Schüchterne Menschen können natürlich auch still ihre Steine verschenken. Wichtig ist nur, dass am Ende des Tages niemand mehr seinen eigenen Stein in der Hand hält. In einem großen Team mit beispielsweise 20 Mitgliedern werden dann einige Menschen drei oder vier Steine haben, andere gar keinen. Das gehört zum Spiel dazu. Für harmonieliebende Teams bietet es sich dann am Ende an, noch einmal die Schatztruhe herumgehen zu lassen, damit sich jede*r, der*die keinen Stein mehr hat, zum Abschluss noch einen eigenen nehmen kann.

DIE „HOGWARTS-METHODE"

Diese Methode geht auf die „Harry Potter"-Romane von J. K. Rowling zurück. Die Schüler*innen von Hogwarts werden mit ihrem Eintritt in die Zauberschule auf vier Häuser verteilt: Gryffindor, Ravenclaw, Hufflepuff und Slytherin. Für gute Taten oder hervorragende Unterrichtsleistungen erhalten sie Punkte. Diese Punkte werden in Form von Edelsteinen in riesigen Stundengläsern in der Eingangshalle der Schule aufbewahrt, wo jede*r sie sehen kann. Am Ende des Schuljahres erhält das Haus mit den meisten Punkten den Hauspokal.

Übertragen wir die Hogwarts-Methode auf deine Kita: Tatsächlich kann ein bisschen Konkurrenzdenken durchaus motivierend wirken. Am besten ist es natürlich, wenn ihr die Form der Punktevergabe möglichst individuell in der Kita besprecht. Eine sehr schöne Möglichkeit hat sich die Kita „Tobetiger" ausgedacht:

Rabauken, Strolche und andere Schlingel

Das Team der Kita „Tobetiger" probiert seit einigen Monaten diese Methode aus. Jedes Teammitglied wurde zu Beginn der Übung einem Haus zugelost. Lucia aus der gelben Gruppe ist in einem Haus mit Mareike aus der roten Gruppe und Evelyn aus der grünen Gruppe. Sie bilden das Haus der Rabauken und konkurrieren mit dem Haus der Strolche und dem Haus der Schlingel um den Hauspokal. Ein Rabauke kann einem anderen Rabauken keine Punkte zuschustern. Es werden nur Punkte an andere Häuser vergeben. Die Punkte gibt es nach einem festen Schema:

- 1 Punkt gibt es für nette Gesten, kleine Aufmerksamkeiten, darunter auch materielle Verstärker, wie z. B. einen selbst gebackenen Kuchen oder eine Kiste Mandarinen im Teamraum.
- 3 Punkte gibt es für besonders gute pädagogische Einfälle und Ideen, die die Arbeit mit Kindern und Eltern voranbringen.
- 5 Punkte gibt es für Einfälle oder Handlungen, die die Teamresilienz am Standort fördern, z. B. die Organisation einer zielführenden Fortbildung, das Anschaffen einer zeitsparenden App oder die Erarbeitung einer Tabelle, mit der die Stundennachweise stark vereinfacht werden.

Die wichtigste Regel ist, dass die Häuser untereinander wohlwollend und gönnerhaft sind und lieber eine Geste mehr als eine zu wenig würdigen.

Die Kita „Tobetiger" hat sich dagegen entschieden, bei schlechtem Verhalten Punkte wieder wegzunehmen. Das sollte übrigens auch für euch Grundlage jedes Verstärkerplans sein: Einmal verteilte Belohnungen sollten nicht aufgrund eines anderen Fehlverhaltens wieder zurückgenommen werden.

Der Punktestand in den Stundengläsern sollte für alle einsehbar sein, um die einzelnen Mitglieder der Häuser anzuspornen. Am besten verbindet ihr die Verleihung des Hauspokals mit einer kleinen Feierlichkeit und einer kleinen Belohnung. Z. B. könnten die Gewinner*innen darüber entscheiden, wohin der Betriebsausflug im nächsten Jahr geht. Oder sie dürfen sich für das nächste Jahr zuerst in den Urlaubsplaner eintragen.

DIE FÄSSCHEN-METHODE

Die Fässchen-Methode ist ideal für wilde und ungezügelte Teams, bei denen das Fass schon das eine oder andere Mal übergelaufen ist. Sie eignet sich für Menschen, die über ihren Schatten springen können, und nur für Situationen, in denen das gesamte Team zusammenkommt, wie z. B. eine Teamsitzung. Die Fässchen-Methode sollte – wie die anderen Verstärkerpläne auch – mit einem gewissen Augenzwinkern angewendet werden.

Bei der Fässchen-Methode wird im Sinne der operanten Konditionierung die Wahrscheinlichkeit für unerwünschtes Verhalten gesenkt, indem es bestraft wird.

Stellt ein kleines Holzfässchen (oder ein vergleichbares Gefäß) auf. Daneben steht ein großer Stoffbeutel mit Murmeln. Eine Punktetafel daneben listet die Konsequenzen für ein bestimmtes Vergehen auf, z. B.:

- Fluchen, Schimpfen, „Scheiße" sagen: 1 Murmel
- andere unterbrechen: 3 Murmeln
- Pausen überziehen: 5 Murmeln
- Meckerminute überschreiten: 10 Murmeln

Macht sich eine Person aus dem Team eines Vergehens schuldig, muss sie die entsprechende Anzahl Murmeln in das Fässchen legen. Das ist schon allein deswegen eine Strafe, weil die anderen zusehen, aber noch wird keine Konsequenz fällig. Der Sinn dahinter: Jedes Mal sichtbar machen, wenn jemand gegen Regeln verstößt, ohne in Sachen Konsequenzen eine frühe Abstumpfung zu erreichen. Die eigentliche Konsequenz tritt ein, wenn „das Fass überläuft", indem die ersten Murmeln aus dem Fässchen fallen. Dabei gibt es zwei Varianten:

Variante 1: Sobald das Fass wortwörtlich überläuft, muss das gesamte Team eine Kollektivstrafe ableisten. Vielleicht singen alle gemeinsam ein besonders unbeliebtes Kinderlied oder trinken ein kleines Gläschen eines sehr widerlichen Getränks, das extra für diesen Zweck angerührt wurde, z. B. Bananensaft mit einem Schuss Tabasco. Die Strafe wird in dem Moment vollzogen, wo das Fass überläuft, ganz egal, wer die letzten Murmeln hineingelegt hat. Der Sinn hinter der Kollektivstrafe: Jede*r wird sich mehr disziplinieren, die Regeln zu befolgen, damit nicht das ganze Team sauer auf ihn*sie ist.

Variante 2: Wer das Fass zum Überlaufen bringt, muss die Strafe allein antreten. Der Sinn: Nicht wer während des Tages am meisten Mist gebaut hat, muss dafür büßen, sondern wer einmal zu viel Mist gebaut hat. Attraktive Strafen sind auch hier etwas besonders Ekliges essen, ein besonders schwieriges Gedicht vortragen, einige besonders gemeine Zungenbrecher vorlesen.

Die Fässchen-Methode lebt vom Nervenkitzel und davon, dass das Fass mindestens einmal überläuft. Die Strafe soll nicht wehtun, sondern humorvoll sein. Und insgeheim sollte sich das Team darauf freuen, zu Beginn einer Teamsitzung gemeinsam eine möglichst drakonische Strafe festzusetzen.

ZEHN IDEEN FÜR MEHR TEAMGEIST

In der Kita „Hippogreif" gab es zu Beginn eine gewisse Spannung zwischen den Teammitgliedern. Das Team wirkte eher wie eine gut strukturierte Arbeitsgruppe, nicht aber wie ein Team mit sozialem Zusammenhalt. Als die Mitarbeitenden während einer Krise einige Male richtig aneinandergerieten, wäre das Team beinahe auseinandergebrochen. Bald kündigten einige Kolleg*innen, es kamen neue nach und das ganze Spiel schien von vorn loszugehen. Da waren die Mitarbeitenden es endlich leid, ständig aneinander vorbeizuarbeiten. Sie wollten mehr Teamspirit und mehr Lebensfreude bei der Arbeit spüren und entwickelten deshalb mit viel Energie und Einfallsreichtum zehn Strategien für mehr Teamgeist.

1. Der **Teamraum** der Einrichtung war lange Zeit nur ein Materiallager, das kaum genutzt wurde. Weihnachtsdeko, die Hüpfburg und ein paar kaputte Stühle, die auf den Hausmeister warteten – mehr gab es hier nicht. Dadurch verlagerte sich das soziale Leben der Mitarbeitenden mehr und mehr in die Gruppen. In einer gemeinsamen Renovierungsaktion hauchten die Teammitglieder dem Teamraum neues Leben ein. Seitdem wird der Raum regelmäßig geschmückt, alle Mitarbeitenden haben ihre eigenen Schrankfächer und es gibt eine kleine Kaffeeküche für alle. Damit der Raum tatsächlich genutzt wird, hängt hier auch die Pinnwand mit dem Dienstplan und anderen relevanten Neuigkeiten. Alle Mitarbeitenden schauen hier mindestens einmal vor Dienstbeginn vorbei.

2. Im Teamraum hängt endlich auch ein **Geburtstagskalender**. Das klingt banal, aber bis vor Kurzem wusste niemand so genau, wann die Kolleg*innen Geburtstag haben. Bei der ersten Teamsitzung im Januar werden außerdem **Geburtstagswichtel** ausgelost. Jede*r Wichtel*in organisiert für eine fest zugeordnete Kollegin bzw. einen Kollegen ein kleines Geburtstagsgeschenk. Zu Weihnachten gibt es ohne festes Los ein Gräuelwichteln (Schrottwichteln). Einzige Regel: Geburtstagsgeschenke dürfen hierfür nicht verwendet werden.

3. Teamleitung Florian geht begeistert zu Fortbildungen. In den letzten Jahren hat er eine Reihe von Seminarhäusern kennengelernt, die auch Tagesfortbildungen für Kita-Teams anbieten. Florian hat eine Fortbildung für sein Team gebucht. Zusammen haben er und die Teammitglieder einen spannenden **Teamtag** mit einer Referentin verbracht. Abends konnte das Team im Kaminzimmer zusammensitzen und sich

näher kennenlernen. Am nächsten Tag hatte das Team Zeit, einige wichtige Dinge zu den Themen Dienstplan, Partizipation und Sommerfest zu besprechen. Eine **zweitägige Fortbildung** ist nun fester Bestandteil des Kita-Jahres.

4. Eigentlich wollte Kollegin Dotty auf der Teamsitzung nur ihre abgeschlossene PiA-Ausbildung feiern und sich mit einem kleinen Frühstück bei den vielen lieben Kolleg*innen bedanken, die sie auf dem Weg unterstützten. Dass sie damit eine neue kleine Tradition begründete, konnte sie gar nicht ahnen. Seitdem wird für jede zweite **Teamsitzung** ein kleines **Frühstück** organisiert. Da die Teamsitzungen immer montags stattfinden, hängt bis Freitag eine Liste aus, wo jede*r einträgt, was er*sie mitbringt. Wegen des Frühstücks freuen sich die Kolleg*innen noch mehr auf die Sitzungen, in denen nicht nur wichtige inhaltliche Themen besprochen werden, sondern die jedes Mal auch den Teamzusammenhalt fördern.

5. Teamleitung Florian litt lange Zeit unter der Klagekultur in der Kita. Ständig kamen Kolleg*innen zu ihm und beschrieben, dass die Bedingungen in einer anderen Gruppe viel besser seien, die eigenen Kinder komplizierter und die Räumlichkeiten nebenan doch sehr viel angenehmer. Das Gras auf der anderen Seite des Zauns war immer etwas grüner und saftiger. Florian führte eine **Hospitationspflicht** ein. Mindestens 2-mal pro Jahr sollen alle Mitarbeitenden einen Tag lang in einer anderen Gruppe arbeiten, um dort die Rahmenbedingungen und Arbeitsformen kennenzulernen. Damit niemand in seiner eigenen Gruppe fehlt, verläuft die Hospitation immer in Tandem-Zweiergruppen. Seitdem gibt es weniger Beschwerden und eine größere Zufriedenheit.

6. Das alte Teamfoto auf der Homepage und im Eingangsbereich war schon zehn Jahre alt und etwas vergilbt. Fünf der abgebildeten Kolleg*innen arbeiteten schon gar nicht mehr in der Kita und etliche neue Kolleg*innen fehlten. Kollegin Kim kann gut mit der Kamera umgehen. Im Sommer hat sie von allen Kolleg*innen schöne **Porträtfotos** an ihrem jeweiligen Lieblingsort der Kita gemacht. Dadurch sehen die Fotos einheitlich und doch individuell aus. Auf der Homepage und im Eingangsbereich gibt es nun nur noch eine Tafel mit einzelnen Porträtfotos. Wenn eine Kollegin in Rente geht, wird ihr Foto abgehängt. Wenn eine neue Kollegin dazustößt, kann Kim unkompliziert ein neues Bild von ihr machen und dazuhängen. Auf diese Weise haben die Eltern immer ein Bild ihrer Ansprechpartner*innen vor Augen.

7. Eigentlich war es nur ein Spaß einer Mutter, die Erzieherin Steffi eine Tasse mit der Aufschrift „**Mitarbeiterin des Monats**“ überreichte, nachdem sie gemeinsam eine ziemlich schwierige Phase ihrer kleinen Tochter durchgestanden hatten. Seitdem wird die Tasse im Team als eine Art Wanderpokal weitergereicht. Natürlich ist das nicht für die Ohren der Eltern gedacht, aber intern können die Erzieher*innen bei Kita-Leitung Florian Vorschläge machen, wer im nächsten Monat ausgezeichnet werden soll. Dazu müssen sie eine kurze Begründung abliefern. Florian achtet darauf, dass jede*r einmal drankommt. Die Aktion läuft erst seit einem halben Jahr. Irgendwann wird das Team vielleicht die Lust daran verlieren, aber aktuell haben alle noch Freude daran.

8. Für einen Firmenlauf hat Erzieherin Klara über einen Sponsor einheitliche Laufshirts besorgt. Das kam so gut an, dass sie nun auch für ein **Arbeitsshirt** beauftragt wurde, das die Erzieher*innen bei besonderen Anlässen tragen können. Dabei half Klara auch der folgende Punkt 9.

9. Die Kita „Hippogreif“ hat ein neues **Leitbild** entwickelt. Gemeinsam konnten sie an einem Teamtag brainstormen, diskutieren, zeichnen und ein neues Leitbild entwerfen, das sowohl grafisch als auch inhaltlich in die Konzeption aufgenommen wurde (siehe S. 63).

10. Auf der Grundlage eines flotten Kirchenliedes hat das „Hippogreif“-Team einen neuen Text für ein **Kita-Lied** gedichtet, den es gemeinsam für gut befunden und mit den Kindern ausprobiert hat. Das Lied kann von den meisten Eltern und Großeltern schnell mitgesungen werden und ist ab jetzt Teil aller Kita-Feste und Aufführungen.

Ebenso wie die „Wolpertinger“-Kita (siehe S. 87) gibt es auch die „Hippogreif“-Kita nicht. Die Strategien jedoch habe ich schon in vielen Kitas gesehen. Vielleicht setzt ihr in eurer Kita auch schon einzelne davon ein oder ihr kennt Kolleg*innen aus anderen Einrichtungen, bei denen sie funktionieren.

PRAXISBEISPIELE

Zum Abschluss möchte ich dir zeigen, wie du die Inhalte, Methoden und Übungen dieses Praxisratgebers ganz konkret für Veränderungsprozesse in deiner Kita nutzen kannst. Ich stelle dir dazu vier exemplarische Kitas und ihre Leitungen vor. Alle haben unterschiedliche Startvoraussetzungen und ihre ganz eigenen Herausforderungen. Ihre engagierten Leitungen sagen sich aber: „Ohnmacht? Ohne uns!“ Sie nehmen die Sache selbst in die Hand. Dazu organisieren sie Konzeptionstage, bei denen sie mit ihren Teams einen passenden Weg für mehr Teamresilienz einschlagen.

Die Praxisbeispiele gliedern sich in folgende Abschnitte:

1. problembehaftete Ausgangslage für das Kita-Team
2. Zielsetzung der Leitung bzw. des Teams
3. exemplarischer Aufbau eines eintägigen Konzeptionstags
4. nachhaltige Umsetzungsstrategien des Teams

Die Beispiele unterstützen dich, einen individuellen Weg mit deinem Team zu finden. Dazu kannst du einen spannenden Mix aus Ideen, Methoden und Modellen aus dem vorliegenden Praxisratgeber nutzen.

DER WEG ZU BESSERER KOMMUNIKATION

Ausgangslage

In der Kita „Nordlicht“ herrscht viel zu oft das pure Chaos. Die eine Hand weiß nicht, was die andere tut. Die Informationslage ist eine Katastrophe. Informationen bleiben irgendwo stecken und kommen nicht oder falsch bei dem*der Empfänger*in an. Kinder werden angezogen, obwohl die Eltern noch nicht vor der Tür stehen. Mitarbeitende machen Feierabend, obwohl die Gruppe nicht mehr besetzt ist. Wenn Teammitglied A an Teammitglied B etwas auszusetzen hat, ist das darauffolgende Feedbackgespräch schon zum Scheitern verurteilt, weil sachliche Kritik fast immer persönlich genommen wird. Als jetzt auch noch ein wichtiger Besuch des Trägers vollkommen untergegangen ist, hat die Fachberatung der Leitung ein Ultimatum gesetzt. Leitung Benjamin orientiert sich für den eilig angesetzten Konzeptionstag am Kapitel Kommunikation (S. 17-41) dieses Praxisratgebers.

Ziel des Veränderungsprozesses

Endlich sollen sich alle verstanden fühlen, informiert sein, gemeinsame Abläufe kennen und nicht mehr aneinander vorbeireden.

Der Konzeptionstag

- **Teil 1** (9.00–10.30 Uhr): Nach einer kurzen Einstiegsrunde und einem kleinen Warm-up-Spiel beginnt Leitung Benjamin den Tag mit Übungen zur Selbst- und Fremdwahrnehmung, z. B. „Wie viele Quadrate siehst du?". Außerdem hat er eine Bildershow zum Thema „Kippbilder" vorbereitet; die Bilder hat er im Internet gefunden. Anschließend macht er die Parkbank-Übungen zum Thema „Man kann nicht nicht kommunizieren".
- **Teil 2** (10.45 12.15 Uhr): Nach einer kurzen Kaffeepause wählt Benjamin einige Freiwillige und macht mit ihnen die Stille-Post-Geschichte, um das Sender-Empfänger-Modell zu veranschaulichen. Anschließend führt er mit der Gruppe Übungen zur Informationsverlustkette durch. Dann lässt er Kleingruppen beide Modelle auf Situationen in der Kita übertragen und die Ergebnisse im Plenum besprechen.
- **Teil 3** (13.00–14.30 Uhr): Nach der Mittagspause stellt Benjamin das Johari-Fenster vor. Dann macht er Musik an und leitet einen Stopptanz an. Er bittet die Kolleg*innen, wenn die Musik stoppt, in wechselnden Zweierteams zusammenzukommen und sich gegenseitig Feedback zu geben und dabei „blinde Flecken" anzusprechen. Anschließend wiederholt er die Übung und bittet die Teammitglieder, einander Dinge anzuvertrauen, die sie bislang noch nicht mit den Kolleg*innen geteilt haben, um sich besser kennenzulernen. Gemeinsam sprechen sie danach über Selbst- und Fremdwahrnehmung im Hinblick auf die ihnen anvertrauten Kinder und Familien. An der Flipchart skizzieren die Kolleg*innen ihre jeweils unterschiedlichen Blickwinkel auf einzelne Kinder oder Elternteile. Dabei ist es durchaus erwünscht, auch ein wenig ins wohlwollende Tratschen zu kommen.
- **Teil 4** (14.45 16.00 Uhr): Zum Abschluss hat Benjamin eine Einheit zum Thema „Positive Kommunikation" vorbereitet und macht mit seinem Team Übungen zu positiver Wortwahl, Körpersprache und Stimme.

Nachhaltigkeitskontrolle

Die Teammitglieder geben einander seit dem Konzeptionstag offenes und selbstbewusstes Feedback (auch kritisches)

Die Mitarbeitenden haben sich darauf geeinigt, bei unklaren Botschaften nachzufragen, anstatt etwas hineinzuinterpretieren. Diese Regel haben einige erst augenrollend, dann schmunzelnd und schließlich ganz selbstverständlich hingenommen.

Der stellvertretenden Leitung Inge haben die Wahrnehmungsübungen im Kommunikationstraining gut gefallen. Deshalb geht der nächste Betriebsausflug in eine Ausstellung zu optischen Täuschungen. Anschließend gehen alle in ein Blind-Dinner-Restaurant, also ein Restaurant, in dem man im Stockdunkeln sitzt und isst.

Kita-Leitung Benjamin hat sich fest vorgenommen, für jede Sitzung eine*n Protokollführer*in einzusetzen, damit die Beschlüsse verschriftlicht werden und nicht mehr verloren gehen bzw. verfälscht werden können.

DER WEG ZU DURCHSICHTIGEN STRUKTUREN

Ausgangslage

Chefin Manuela war immer der Big Boss in der Kita „Ostwind". Ohne sie wurde keine Entscheidung gefällt. Mit allen Problemen und Fragen gingen die Mitarbeiter*innen zu Manuela, die alles regelte. Anfang des Jahres ist Manuela in Rente gegangen und die neue Kita-Leitung Rike ist ziemlich überfordert. Als junge Leitung ist sie neu ins Team gekommen. Sie kennt die Strukturen kaum und außer ihr ist auch niemand anderes tatsächlich firm in den Abläufen. Selbst die stellvertretende Leitung Derya kann nicht weiterhelfen. Denn Manuela hatte immer schon alles perfekt vorbereitet, wenn sie in den Urlaub fuhr, und Derya hatte so gut wie nichts mit Leitungsaufgaben zu tun. Die neue Chefin Rike beschließt, mit dem Team mithilfe des Kapitels Teamstrukturen (siehe S. 43-67) ein Tagestraining durchzuführen.

Ziel des Veränderungsprozesses

Jede*r soll über die Aufgaben und Pflichten der anderen Bescheid wissen und alle sollen sich mehr mit den Zielen der Kita auseinandersetzen und identifizieren können.

Der Konzeptionstag

- **Teil 1** (9.00–11.00 Uhr): Leitung Rike startet mit einer Einstiegsrunde, in der jede*r frei äußern kann, was er*sie von der „alten Kita" gern beibehalten würde und was er sich von einer „neue Kita" wünschen würde. Rita notiert die Wünsche und Ziele auf einer Flipchart. Aus den Wünschen leitet sie ab, dass sie zusammen mit ihrem Team ein neues Leitbild entwickeln möchte, das die Marschrichtung für die nächsten Jahre vorgeben soll. Als das Team zustimmt, legt sie zur Inspiration ca. 20 Leitbilder im Raum aus, die sie zuvor im Internet zusammengesucht und ausgedruckt hat. Nachdem alle die Bilder angeschaut haben, führt sie mit dem Team die 3-5-7-Technik zur Leitbildentwicklung durch. Sie einigen sich gemeinsam auf sieben Inhalte, die sie in das neue Leitbild aufnehmen wollen.
- **Teil 2** (11.15–12.30 Uhr): Mit einem großen Aufgebot an Moderationsstiften, Wachsmalern, Textmarkern, Kärtchen und Flipcharts lädt Rike die Kolleg*innen zu einer Kreativwerkstatt ein, in der sie in Kleingruppen ein neues Leitbild erarbeiten sollen. Die neuen Entwürfe werden schließlich vorgestellt. Gemeinsam einigen sich die Kolleg*innen auf eine Art Best-of, also auf Faktoren der einzelnen Leitbilder, die sie gern beibehalten möchten. Kollege Fedja hat ein Händchen fürs Künstlerische. Er erklärt sich bereit, in den nächsten Wochen eine Finalversion zu zeichnen.
- **Teil 3** (13.15–14.30 Uhr): Rike moderiert eine abgewandelte Tauschbörse und lässt alle Kolleg*innen sämtliche Tätigkeiten aufschreiben, die sie in der Kita machen. Das Tauschen der Tätigkeiten erfolgt in Anlehnung an das Teamrollen-Dreieck: Welche Tätigkeit kann ich besonders gut? Was will ich wirklich tun? Was muss ich tun (mag ich aber nicht)? Anschließend setzen sich die Mitarbeitenden in Zweier- und Dreiergruppen zusammen, in denen sie sich ihre Ergebnisse gegenseitig vorstellen und wohlwollend reflektieren. Die Ergebnisse der Tauschbörse werden im Großteam vorgestellt und nach der Frage bewertet, ob die jeweilige Idee organisatorisch oder stundentechnisch möglich ist. Rike versucht, jedem Teammitglied mindestens ein kleines Zugeständnis zu machen.
- **Teil 4** (14.45–16.00 Uhr): Jede*r Einzelne fertigt einen Steckbrief für seine*ihre Tätigkeiten im Team an. Dabei berücksichtigt er*sie bereits die Neuerungen nach dem Teamrollen-Dreieck und der Tauschbörse. Am Ende des Tages hat das Team den Grundstein für ein neues Leitbild gelegt und jede*r Einzelne kennt seine*ihre eigene Rolle ein wenig besser. Rike hat einen besseren Überblick über die Ressourcen im Team und über die vielen Aufgaben, die ständig erledigt werden müssen.

Nachhaltigkeitskontrolle

- Erzieher Fedja präsentiert ein riesiges Leitbild auf DIN A2, das er noch am folgenden Wochenende zu Hause fertiggestellt hat. Das Team ist begeistert – gemeinsam hängen sie es im Eingangsbereich auf.
- Erzieherin Florina richtet für jede Gruppe einen Aktenordner ein, in dem sämtliche Steckbriefe der Mitarbeitenden abgeheftet sind.
- Leitung Rike beschließt, ab jetzt 2-mal pro Jahr Mitarbeitergespräche anzubieten. Die Mitarbeitenden sollen über ihr Gleichgewicht im Teamrollen-Dreieck sprechen können. Dafür nutzt sie den Vorsatz: Jede*r so, wie er*sie möchte. Mit einigen Mitarbeitenden geht sie beim Gespräch spazieren, mit anderen geht sie ins Eiscafé. Jede*r soll sich wohlfühlen.
- Leitung Rike führt ein übersichtliches Aktenmanagement ein, in das sie Stellvertretung Derya einweiht. Mit einem schnellen Blick und einem gezielten Griff sollen nun alle Akten und Dateien schnell und einfach gefunden werden.
- Das Team führt einen digitalen Dienstplan ein, auf dem Veränderungen durch Krankheit oder Urlaube deutlich sichtbar werden.
- Um im Vertretungsfall noch handlungsfähiger zu werden, möchte das Team mehr Einblick in die jeweils anderen Gruppen erhalten und verabredet, ein rotierendes Hospitationssystem auszuprobieren.

DER WEG ZUM GESCHICKTEN RESSOURCENMANAGEMENT

Ausgangslage

Keine Kita wird im Ort so gelobt wie die Kita „Südsee“. Wer seine Kinder hier untergebracht hat, kann sich zu jeder Jahreszeit über die kreativsten selbst gebastelten Geschenke freuen. Die Erzieher*innen gehen zu jeder Uhrzeit ans Telefon und sind für alle Sonderwünsche empfänglich. Im Team sind jedoch aktuell Anzeichen von Unmut zu spüren. Denn zwei Kolleginnen sind langzeiterkrankt und Kollege Volker geht Ende des Jahres in den Ruhestand. Darüber hinaus hat der Träger eine sehr viel striktere Überstundenbremse angeordnet. Die Mitarbeitenden bangen nun, dass ihre Qualität auf der Strecke bleiben könnte, und wollen beim nächsten Teamtraining darüber sprechen. Leitung Rahel hat sich im Vorfeld mit ihrer Stellvertretung Jakob mit dem Kapitel Ressourcenmanagement (S. 69-90) dieses Praxisratgebers vorbereitet.

Ziel des Veränderungsprozesses

Das Team möchte seine Qualität erhalten und dabei weniger Überstunden aufbauen.

Der Konzeptionstag

- **Teil 1** (9.00–10.30 Uhr): Leitung Rahel beginnt den Tag mit einem einfachen Klatsch-Impulskreis zum Wachwerden: Mithilfe von Augenkontakt geben die Teilnehmenden ein Klatschen weiter zur Linken, zur Rechten oder quer durch den Kreis. Nachdem alle ein bisschen warm geworden sind, leitet Rahel über zum Thema SWOT-Analyse. Sie erklärt die Methode an der Flipchart und bittet dann das Team, in Dreier und Vierergruppen möglichst schonungslos die Felder Stärken, Schwächen, Chancen und Bedrohungen auszufüllen. Anschließend betrachten die Kolleg*innen die Ergebnisse der jeweils anderen Gruppen.
- **Teil 2** (10.45–12.15 Uhr): Nach einer kurzen Pause erstellt Stellvertretung Jakob eine Art „Best of SWOT" mit dem gesamten Team. Gemeinsam einigen sie sich auf Punkte, die in allen Gruppenanalysen auftauchen, und schreiben sie auf die Flipchart. Rahel stellt die SWOT-Strategieentwicklung vor. Das Team bildet neue Kleingruppen, die Strategien entwickeln, sich die Ergebnisse nach demselben Schema wie oben zunächst gegenseitig präsentieren und dann in eine gemeinsame Strategie verwandeln.
- **Teil 3** (13.00–14.30 Uhr): Stellvertretung Jakob beginnt nach der Mittagspause mit einem kleinen Experiment. Er zeigt den Mitarbeitenden das Walnuss-Wunder, für das er Walnüsse und Senfkörner in ein Gurkenglas schichtet. Alle notieren anschließend in Einzelarbeit ihre persönlichen Walnuss-Tätigkeiten und Senfkorn-Aufgaben. Anschließend stellt jede*r drei ausgewählte Walnüsse und Senfkörner vor. Das Team reflektiert die Übung intensiv, denn es stellt sich heraus, dass viele Walnüsse des einen gleichzeitig die Senfkörner des anderen sind. Anschließend erläutert Leitung Rahel die Servicepyramide und das Team einigt sich darauf, in die unteren Ebenen Tätigkeiten zu schreiben, die für die Mehrheit der Mitarbeitenden eine Walnuss-Aufgabe darstellen. In die Luxusebene kommen Senfkörner, von denen sich das Team getrost trennen kann.
- **Teil 4** (14.45–16.00 Uhr): In der letzten Einheit des Konzeptionstags legt das Team fest, wie die Servicepyramide im Team umgesetzt werden kann: Wie viele Kolleg*innen brauchen wir pro Stufe? Ab wann müssen wir eine Notbetreuung einrichten? Ab wann können wir uns mit unseren lieb gewonnenen (aber als Luxus deklarierten) Senfkornaufgaben beschäftigen und z. B. wieder pompös basteln? Das Team legt schließlich Dreiergruppen fest, die a) den Träger, b) die Eltern, c) die Kinder über die Servicepyramide informieren und d) im Zusammenspiel mit dem Leitungsteam die Umsetzung der SWOT-Strategien überprüft.

Nachhaltigkeitskontrolle

- Kollegin Beatrix schreibt die SWOT-Strategien und die Servicepyramide in Schönschrift auf Plakate, die sie im Gruppenraum aufhängt, um alle an die Verabredungen zu erinnern.
- Am Ende jeden Monats prüft Leitung Rahel gewissenhaft die Überstunden und ermahnt jede*n, der*die noch deutlich über der Sperrgrenze liegt.
- Erzieherin Jana organisiert einen Elterninformationstag, bei dem sie die Eltern darüber informiert, dass in der Kita nun Zeitpriorisierung erfolgt – und dass die erste Priorität die pädagogische Arbeit mit den Kindern hat. Die Eltern müssen lernen, dass es zukünftig weniger Zeit für Tür-und Angel-Gespräche oder für zeitaufwändige Sonderwünsche geben wird.
- Erzieherin Özlem organisiert vierteljährlich einen Elternsprechnachmittag, der die meisten Elterngespräche bündelt und die vielen Zwischendurchgespräche peu à peu abschafft.
- Es wird eine Telefonsprechstunde am Morgen und eine am Nachmittag eingerichtet. Anrufe in der Zwischenzeit werden an einen Anrufbeantworter weitergeleitet.
- Die Erzieher Hassan und Frederik organisieren einen Arbeitskreis mit den sechs anderen Kitas des Trägers, in dem sie digitale Bastelvorlagen, z. B. fürs Laternenbasteln, tauschen, aber auch Ablaufpläne für Elternabende oder Jahreszeitenfeste. Dadurch soll die Vorbereitungszeit verkürzt werden.

DER WEG AUS DEM KLAGEKARUSSELL

Ausgangslage

Die Mitarbeitenden der Kita „Westpark" stöhnen über die immer schwieriger werdenden Arbeitsbedingungen. Wenn das Telefon klingelt oder ein Brief ins Haus kommt, rollen die Kolleg*innen schon die Augen. Jede Neuigkeit wird genauestens auf ihr Problempotenzial hin analysiert. Teamsitzungen beginnen oft damit, dass irgendjemand zu meckern beginnt. Andere steigen mit ein und bald sitzen alle gemeinsam in einem unproduktiven Klagekarussell. Leitung Viktor entscheidet, dass das Team dringend wachgerüttelt werden muss, und ordnet einen Konzeptionstag an. Inspiration für den Tagesablauf liefert das Kapitel Teamgeist (S. 91-113) aus diesem Praxisratgeber.

Ziel des Veränderungsprozesses

Die Mitarbeitenden sollen wieder nach vorn schauen und ihren Job wieder neu kennen- und lieben lernen.

Der Konzeptionstag

- **Teil 1** (9.00–10.30 Uhr): Leitung Viktor beißt sich in der Einstiegsrunde beinahe die Zähne an seinem Team aus. Er muss große Überzeugungsarbeit leisten, um dem Team die Bedenken zum Tag zu nehmen. Die meisten Teammitglieder sind überzeugt: Es wird sich nichts ändern, solange die Rahmenbedingungen schlecht sind und nicht mindestens zwei neue Erzieher*innen eingestellt werden. Viktor dokumentiert die Missstände auf der Flipchart und stellt schließlich nach einer langen Fahrt mit dem Klagekarussell das Maulwurf-Modell vor. Er spricht mit dem Team über Einschränkungen, Probleme, Herausforderungen und Lösungen. Auch sprechen sie gemeinsam über extrinsische Motivationsfaktoren, die sie entweder locken (leckere Äpfel) oder schubsen (heraufziehendes Gewitter).
- **Teil 2** (11.00–12.30 Uhr): Nach einer dringend notwendigen Pause führt Viktor die Meckerminute ein und ernennt seine missmutigste Mitarbeiterin Griselda zur Meckerwächterin. Dann lässt er das Team in Kleingruppen das Maulwurf-Modell auf einzelne Punkte der Einstiegsrunde anwenden. Dabei ist ihm wichtig, dass niemand sich rauszieht und zurück ins Klagen verfällt. Die Ergebnisse der Gruppenarbeit werden im Plenum vorgestellt. Anschließend erklärt Viktor das Flow-Modell. Trotz anfänglicher Skepsis kann er das Team nach einer Weile davon überzeugen, bestimmte Herausforderungen als Chance und nicht nur als Steine im Weg zu betrachten.
- **Teil 3** (13.15–14.30 Uhr): Viktor macht einen kleinen Einschub zum Thema „Positive Kommunikation". Vor allem die positive Körperhaltung ist ihm wichtig. Tatsächlich bringt das neuen Wind in die Gruppe. Dann stellt Viktor die Walt-Disney-Technik vor. Mit ihrer Hilfe schafft er ein positives Mindset für die Vorstellung der „Zehn Ideen zum Umgang mit Teamressourcen".
- Viktor hat jede einzelne Idee auf eine kleine Karte geschrieben und lässt das Team einzeln und in Zweiergruppen die Ideen theatralisch und begeistert im Plenum vorstellen, als wären sie ihre eigenen Ideen. Das klappt erstaunlich gut und wird in den meisten Fällen mit überzogenem Applaus und Gelächter quittiert. Im Plenum beraten die Mitarbeitenden anschließend, welchen Neuerungen sie eine Chance geben wollen.

- **Teil 4** (14.45–16.00 Uhr): Viktor geht das Wagnis ein und schlägt vor, einen Teamvertrag (siehe S. 65) zu erstellen, mit dem die positiven Wendungen des heutigen Tages festgezurrt werden. Er hat nämlich festgestellt, dass sich die Meckerkultur der ersten Stunde gegen Ende des Tages in eine sehr viel positivere Stimmung gewandelt hat. Zu seiner großen Freude stimmt das Team zu. Mit der 3-5-7-Technik setzen sie einen ersten Entwurf eines Teamvertrags auf.

Nachhaltigkeitskontrolle

Leitung Viktor visualisiert den Teamvertrag auf einer großen Flipchart und stellt ihn den Kolleg*innen in der nächsten Teamsitzung vor. Gemeinsam unterschreiben sie den Vertrag und stoßen darauf an.

Erzieherin Griselda bleibt in Teamsitzungen Meckerwächterin. Sie schlägt nach einer Minute Meckern pro Person eine kleine Klangschale. Wer danach noch meckert, muss 1 Euro in ein Sparschweinchen werfen. Das führt anfangs zu Kontroversen. Aber schließlich finden alle, dass Griselda den Euro mit so viel Charme eintreibt, dass man das Konzept beibehalten muss.

Jede Teamsitzung beginnt ab jetzt mit einem fünfminütigen Spiel. Nacheinander sind alle Mitarbeitenden einmal dran, ein Spiel anzuleiten. Und obwohl viele am Anfang die Augen rollten, genießen jetzt die meisten den lebendigen Start in die Teamrunden, weil sie einsehen mussten, dass dadurch die Sitzungen unterm Strich kürzer wurden.

SCHLUSSWORT

Du bist am Ende des Praxisratgebers angelangt. Du hast Seite für Seite durchgearbeitet oder vielleicht auch nur die für dich wichtigsten Kapitel gelesen. Du hast unter Umständen schon ein paar Übungen allein oder mit deinem Team ausprobiert.
Vielleicht wirst du dich fragen: „Wenn ich alle Modelle verstanden habe, alle Tipps beherzige und alle Methoden mit meinen Leuten ausprobiere, werde ich dann ein zufriedeneres und resilienteres Team erhalten?"
Der Träumer antwortet dir: „Aber ja doch, das wird garantiert klappen! Nur nicht aufgeben! Und empfiehl das Buch möglichst vielen Freund*innen!"
Der Kritiker sagt: „Was bringt das schon? Warte lieber noch ein paar Jahre. Oder lass es ganz bleiben."
Der Realist sagt: „Ich weiß es nicht, aber die Chancen stehen gut!"

Ich schließe mich dem Realisten an. Wir haben schon in der Einleitung gesehen, welchen individuellen Bedrohungen eine Kita ausgesetzt sein kann. Sei es die ständige Suche nach qualifiziertem Personal, die stetig wachsenden bürokratischen Anforderungen oder die kleinen Schrecken des Alltags, wie der kaputte Lieferwagen des Caterers. Doch so vielfältig, wie diese Bedrohungen sein mögen, so vielfältig sind auch deine Handlungsoptionen, deine Antworten, deine Strategien. Du hast mit diesem Ratgeber eine Fülle an Werkzeugen und Ideen im Gepäck, um deinem Team zu helfen, noch widerstandsfähiger, noch fröhlicher, noch erfolgreicher zu werden. Mit jeder Veränderung bleibst du in Aktion, bleibst beweglich und flexibel.

Und wenn es einmal nicht klappt? Na, dann möchte ich dir einen alten Spruch ans Herz legen, den ich als Spieler in Improvisationstheatergruppen gelernt habe. Er heißt: „Scheiter heiter - und weiter!" Mit anderen Worten: Wenn wir bei einer Sache nicht gleich Erfolg haben, nehmen wir es mit Humor. Und dann probieren wir es noch einmal.

In diesem Sinne wünsche ich dir viel Freude und drücke euch ganz fest die Daumen beim Umsetzen der Ideen und bei der Entwicklung eurer ganz eigenen Strategie für starke Kita-Teams in schwierigen Zeiten!

Quellenverzeichnis

Franz, Viktoria Sophie Therese: Zum Zusammenhang von Leistungsmotivation, Flow-Erleben und subjektivem Wohlbefinden, Diss. Universität Trier 2020

Gehm, Theo: Kommunikation im Beruf. Beltz Verlag: Weinheim 1999

Gessler, Michael (Hrsg.): Kompetenzbasiertes Projektmanagement (PM3). Handbuch für Projektarbeit, Qualifizierung und Zertifizierung auf Basis der IPMA Competence Baseline Version 3.0; unter Mitwirkung der spm swiss project Management association; Verlag GPM Deutsche Gesellschaft für Projektmanagement e. V., Nürnberg, 8. Auflage 2016

Ingham, Alan G. u. a.: The Ringelmann Effect. Studies of Group Size and Group Performance; in: Journal of Experimental Psychology 10 (1974), S. 371–384

Shannon, Claude E.; Weaver, Warren. The Mathematical Theory of Communication. University of Illinois Press: Urbana Champaign, 10. Auflage 1964

von der Oelsnitz, Dietrich; Busch, Michael W.: TEAM: Toll, ein anderer macht's! Die Wahrheit über Teamarbeit. Orell Füssli Verlag: Zürich, 2. Auflage 2014

Watzlawick, Paul; Beavin, Janet H.; Jackson, Don D.: Menschliche Kommunikation: Formen, Störungen, Paradoxien. Verlag Hans Huber: Bern, 10., unveränderte Auflage 2011

Literaturempfehlungen

Allen, David: Wie ich die Dinge geregelt kriege. Selbstmanagement für den Alltag.
Piper Verlag: München, 9. Auflage 2015
ISBN 978-3-492307208

Laloux, Frederic: Reinventing Organizations visuell. Ein illustrierter Leitfaden sinnstiftender Formen der Zusammenarbeit.
Verlag Franz Vahlen: München 2016
ISBN 978-3-800652853

Nussbaum, Cordula: Organisieren Sie noch oder leben Sie schon? Zeitmanagement für kreative Chaoten.
Campus Verlag: Frankfurt a. M., 3. Auflage 2017
ISBN 978-3-593506906

Pütter, Thomas; Eulzer, Ines: Denk neu. 21 ½ pragmatische Impulse, wie Unternehmen auf Kurs bleiben.
Business Village Verlag: Göttingen, 2. Auflage 2018
ISBN 978-3-869803715

Tschacher, Wolfgang; Storch, Maja; Hüther, Gerald; Cantieni, Benita: Embodiment. Die Wechselwirkung von Körper und Psyche verstehen und nutzen.
Hogrefe Verlag: Göttingen, 4. überarbeitete Auflage 2023
ISBN 978-3-456862187

zur Bonsen, Matthias; Maleh, Carole: Appreciative Inquiry (AI): Der Weg zu Spitzenleistungen. Eine Einführung für Anwender, Entscheider und Berater.
Beltz-Verlag: Weinheim und Basel, 2. Auflage 2012
ISBN 978-3-407365125

NOTIZEN